Anonymous

Steg-Streit

Anonymous

Steg-Streit

ISBN/EAN: 9783744622325

Hergestellt in Europa, USA, Kanada, Australien, Japan

Cover: Foto ©ninafisch / pixelio.de

Weitere Bücher finden Sie auf **www.hansebooks.com**

CONSILIO ET INDUSTRIA

ARCHIDUX AUSTRIÆ. LEOPOLD. D. G. ROMAN. IMPERAT. SEMP. AUGUST. GERMAN. HUNGAR. Q. BOHEM. REX.

Sieg-Streit

Deß

Lufft vnd Wassers
Freuden-Fest zu Pferd

Zu dem Glorwürdigisten Beyläger

Beeder Kayserlichen Majestäten

Leopoldi deß Ersten

Römischen Kaysers/
auch zu Hungarn vnd Böhaim König/
Ertz-Hertzogens zu Oesterreich/ꝛc.

Vnd

Margarita /

Gebohrner Königlichen Infantin
auß Hispanien

Dargestellet

In dero Kayserlichen Residentz Statt Wienn.

✿✿✿✿✿✿✿✿✿✿✿✿✿✿✿✿✿✿✿✿✿✿✿✿✿

Gedruckt zu Wienn in Oesterreich bey Mattheo Cosmerovio / der Röm: Kayserl:
Majest: Hoff-Buchdrucker/Anno 1667.

UNder denen Adelichisten Darthueun=
gen der offentlichen Freuden/ mit welchen man der
Grossen beglückliche Thaten vnd Außgäng er=
freulich zuerheben pfleget/ haben iederzeit Pferd=
vnd Waffen=Lust den ersten Platz erhalten/ als in
welchen das Belieben deß scheinbaren Streits
mit nachähmung deß wahren Ernstes darstellet/
wie auch der Krieg in denen Befrolockungen seine bluetrasende Grim=
me ablege/ vnd mit lustbahren Zuenaigungen in der Schoß deß Frie=
dens vnschuldige Waffen zuführen beneile.

    In Erwegung dessen haben die Römisch Kayserliche Majestät
Sich entschlossen/ vnder anderen verschiedenen ansehentlichisten Freu=
denfesten zu dero Beylåger/ auch dises einzuführen/ vnd zwar durch
Mit=beykhumung Dero selbst aignen Kayserlichen Persohn auff das
höchste zubeziehren/ die Oberanstalt dessen Dero Gehaimen Rath/ vnd
Obristen Stallmaister Herrn Gundacher Graven von Dietrichstein
aufftragent/ mit Allergnedigisten Befelch/ daß zu solchem Ende Herr
Alexander Carducci Ritter/ vnd deß Durchleuchtigisten Groß=Her=
zogen in Toscan/ wie ingleichen auch dero Herrn Bruders Fürst Leo=
polden/ Cammerer/ auß Welschland hiehero berueffen wurde/ als wel=
cher neben sonderbahren Adelichen Gemüths Tugenden/ in allen Rit=
terlichen Beliebungen Vollkhumene Wissenschafft/ vnd übung be=
greiffet/ damit selbiger/ vnder Obhand/ Befelch vnd Gutbefund Hoch=
gedachten Herrn Obristen Stallmeisters/ alle diese Ritterliche Hand=
lungen/ vnd was zu deren vollkhumentlichister Darstellung dienlich
scheinen wurde/ ordne/ vnd einrichte.

    Vnd weillen sich nun gebühren wollen/ einig außbeutende Hel=
den=Begebung hierdurch anzuführen/ welche die Beyaignung der
Schau=Gerüste/ wie auch nothwendige Zahlbahre Rheyen der Auff=
züg vnd Bedienten mit solcher Beziehrung/ als zu dergleichen be=
rühmtesten Kayserlichen Fest erfordert wird/ desto ansehentlicher
mache/ haben Allerhöchstgedacht Ihre Kayserliche Majestät die
Erfind=wie auch Erklärung deren in Welschen Reimgebänden
oder Verßen dem Herrn Francisco Sbarra aufftragen/ dessen
Poëtische Feder zu mehr mahlen in Welsch vnd Teutschen Landen/ mit

sonderbaristen Rhuemes-Zuerueff erfreulich bel
durch Ihro / vornemblich aber in gegenwertig
vnsterblichem Namen/ vnd ewig grünenden Lor

Dise Poetische Wort-Anführung mit er
nembligkeit zubeseelen/ hat der Kayserliche Cape
dreyer Kayserl: Majestäten zwey vnd viertzig J
dienter Herr Antoni Bartali durch Beystimun
ge-Kunst/ mit männiglichens Lobes Erhebung
der Obsieg vnd Vortreffligkeit seiner Erfahru
anhero gereichet.

Zu Anord-vnd Auffrichtung deß Schaup
nenden Kunstgerüste/ ist von Ferrara absonde
worden Her: Carl Pasetti / als iener Berühn
Werck-Maister / der in Angebung schönst
vornembster Schaubüne / in gantz Welschlan
ser Zeit erhalten.

Die bestimte Wahlstat ware der grosse
chen Burgg/ welcher sich von Auff-gegen Nider
von Mittag gegen Mitternacht in 270. Werck
zu disem Ende vmb vnd vmb mit seinen bequem-
sten Sitz-Bünnen/ in ein achteckete Ablänge al
daß der freye Waffenplatz in der mitte ein we
Länge von 385. vnd die Braite von 235. Schu
be weite sowol zur Würckung der Streitenden D
führ-vnd Stelling deren beglaitender Folge/ vn
der Schaugerüste/ vor sich vbrig gehalten.

Auff seiten deß Nidergangs war die Neu
der Höche/ Abtheillung/ vnd Bau-Ordnung
gleichem Gebäw auff die 60. Schuech weit / a
erstreckt/ vnd zu ieder seiten dessen ein grosse Ha
tet/ welche sich mit geschranckter Flache nach der
wo die/ auff Dorische Arth vor gestelte / vber ei
te Gänge der Sitzbünien ihren Anfang genmme
ner vnendlichen Anzahl Zueseher die füglichiste
bereitet   Deren vnderster Theil vorneuher mit
ruhenden Gewölb-Bögen / alles von außgeha
der mittere aber mit runden Säulen/ vnd zwische
erhebten Gländern gezieret / worauff ein Ha
Einschliessung der obersten Sitzstellen ein anders
verfertigtes Gang-oder Brust-Gländer gewes
seits so weit hinaufftwerts/ biß obenher gegen An

che weiß/ wie herunden/ zwey gleichmeffig nach der seiten sich schran=
kende grosse Haubtporten selbige geendet/ zwischen welchen folgents
eine andere/vornenher in dem Gesicht/ ungefehr von einer Claffter ob
der Erden an/ biß uber die erste Fenster der Kayserl: Burgg/ gebaute
zierlichiste Ordnung der Staffeln sich befunden/ und also der gantze
Streitplatz hiemit eingeschlossen gewesen.

Die Ansehung dises auff das annemblichiste geordnet= und auff=
gerichten Schauplatzes ware allein fähig genug das allgemeine Ver=
langen/ der ungezweiffelten ansehentlichisten Erfolge zu versicheren/es
vermehrte sich aber selb=zes ohne gleichnuß noch vilmehr mit der
Nachricht/ das bey solchem Feste der Höchste Monarch der Welt/ ne=
ben zweyen Durchleuchtigisten Fürsten/und anderen vornembsten Ca=
valiern und Rittern dero Kayserlichen Hoffs/ in Persohn sich dar=
stellen werden.

Wie dan sobald kaumb der hierzu benente Tag angebrochen/ als
die Schaubinnen von dem vornembsten Adel niche allein der Oester=
reichischen/sondern auch anderer Teutschen Landen/neben unbeschreib=
licher Menge der herbeykhumenen Außländern häuffig betreten und
ersetzt gewest.

Die vornembste Sitz/ wie auch die Fenster der Burggen (de=
ren/ uneracht ein unsägliche Zahl durch die Sitzbinnen verbaut wa=
ren/ gleichwollen uber 200. dem Gesicht den Platz öffneten) besetzet
von anwesenden Dämen/und Frauenzimmern/ scheinten Himeln/auß
denen die unermeßliche Schönheiten under dem spillenden schim=
mern der unschätzlichen Geschmuck/und Auffbutze/als sovil glantzen=
de Steren/ihr Sieg=Pracht und zugleich freuden=volles Liecht her=
ab plitzen liessen; Under welchen folgents das grosse Liecht/die Sonne
unsrer Erden/eben von Auffgang hervorkhumen/in deme von denen/
mit allerkostbaresten Tapezereyen bedeckten Fenstern der Kayserlichen
Wohnzimmer/ Jhre Majestät die Aller Durchleuchtigiste Kayser=
liche Braut/ begleitet von der Verwittibten Kayserlichen Majestät
Eleonora/ und Beeden Durchleuchtigisten Ertz=Hertzoginen
Eleonora und Marianna/ sich hervorgeben.

Alles wendete die Augen darauff/ und scheinte/ nunmehr hierob
allein eussersti vergnügt/ deß tragenden Verlangens ichtes verern be=
reit vergessen zuhaben/als nach gegebenen Zeichen durch Herrn Car=
ducci (welcher in einem von Silber und Gold durchaußgezierten
Kleid/ zu Pferdt auff grün Sammetener mit Goldenem Spitz ver=
brämbten Decken/ neben grün und Silberner Bekleidung seiner Be=
dienten erscheinte) die Zuseher von unverhofften Klang und Gegen=

B   einstim=

einstimung der Trombeten / Geigen / vnd anderen Jnstrumenten berueffen worden/ die Wunder deß Meers auff der Erden anzusehen;
massen dan gleichsamb auff winckenden Befelch derselben / alsobalden
die Porten rechter Hand der NeuenBurgg sich eröffnet/oder villmehr
in einem Augenblick zwey Pfeilern verschwunden / vnd daselbst dem Gesicht ein höchst schön vnd zierliches grosses Schiff vorge-
stelt / welches in denen beederseits neben schwebenden Wellen fort-
schwiment/sich mit vollen Seglen hervor begeben.

Dises gantze Schiffgerüst hielte in seinem Vmbschweiff 180/ ja
der Höche aber 28. Schuech/ zu beeden seiten zaigte sich ein vnendliche
Zahl Bildnussen/ zwischen denen zierlichisten Gesimpsen/ Leisten/
Schilden / Außhollungen / vnd Zierathen/ alles mit künstlichister
Hand von halb erhebter Arbeit außgehauet/ vnd ob Purpur rothen
entzwischen scheinendem Grund / auff das reicheste vergoldet / sodan
obenher etliche Ordnungen kleiner Säulen-Geländer/ die dessen obere
Endung bekrönten. Von gleicher Arbeit war auch der mit starcken
doch kunstreichen Schnabel besetzte Vorder-wie nicht weniger der einem Majestätischem Thron gleich erhebte Hinder-theil Denen eben
also mit ihren Ziehren / vnd ähnlichsten Darstellungen beykha-
men die Mastbaum / Segelstangen/Mastkorb / Laterne/ Segelstäil/
Segel / Fähn / vnd alles anders / so zu Außrüstung eines grossen
Schiffs vonnöthen. Im vbrigen bedeuten selbiges 30. Tritonen/
oder Meer Götter alle gleich bekleidet mit blau in Silber gemengten
Schueppen/ die Haar von Meerbintzen mit Corallen vndermischt/
in der Hand ihre Muscheln/ vnd gewöhnliche Meer-horen haltende.

Die zierliche Aigenschafft/vnd bestens geordnete Zusambfügung
ieder theillen dises Schiffs hette glauben machen/daß selbiges auß dem
Mitternächtigen Meer hergelanget were / wan nicht die häuffig darauff erscheinende Steren/ so es mit ihren Glantz bereichten/ wie auch
das Guldene Vlüß / welches als ein Zaichen sonderbahrer Dapffer-
keit/ vnd Thaten sich auß allen anderen dessen Zueaignungen prächtig
herauß sehen liesse/ zuerkennen gaben / das selbig ienes ruhemwürdi-
giste Schiff seye/ welches das erste gewesen / sich zwischen denen greu-
lichen Felsen vnd vngebanten Klippenn/der Vngewißheit der gefähr-
lichen Winde/in die wietende Wellen deß Meers zuwage/desswegen es
auch nach glücklichist verrichtem Lauff/ in die Vnsterbligkeit der Him-
meln/vnd dessen Gestirne erhebt worden / von danen es anietzo zu ge-
genwertiger von dem Gestirne erfreulich begläutteten Frolockung / vnd
Glorwürdigistem Streit mit seinen Siegreichen Helden ankhumen/
deren sich zusambt denen Schiffern vnd Boots-Leuthen in die 60.
Persohnen darauff befunden / vnd dise zwar mit gewöhnlicher doch
besstens

*foldout/map
not digitized*

bestens gezierter Klaidungs Arth / iene aber in weis silbernen Bru=
sturken auff das reicheste mit Gold vnd Perlen gestickt / auch dergleiche/
vber einen mit goldenen Blumen erhebt / vnd solchen Spitzen ver=
brämbten Schurtz / herabhangenden Schueppen / dan reichen Helm
vnd villen weissen Federn / köstlich angethan waren.

    Sobald dises Schiff gegen dem Schauplatz gleichsamb in seinen
Port gelangt / hat man gesehen / die Schiffer beschefftiget / die grossen
Segel sambentlich auffzubinden / andere / ihre Bedienung auff de=
nen Masikorben zuverrichten / andere das Schiff Rueder in Obacht
zunehmen / andere zu Befürderung ihres Vorhabens die Stricklai=
ther auff vnd abzulauffen / vnd ieden seine bey Einlauffung in dem
Port gewöhnliche Versehung zuthuen ; Als nun selbiges in mitte
deß Platzes gehalten / hat sich zu oberst dessen Hindertheils die Fa=
ma / oder Allgemeine Nachricht erzaigt / als eine aeflügelte Weibsper=
sohn / bekleidet in Weissen mit Augen / Ohren / vnd Zungen von Gold /
vnd Perlen / auch sonsten hin vnd wider auff das reicheste vberstickten
Atlaß / in der Hand eine goldene Trombeten führent ; welche mit ih=
rer hellen Stimme / vnd Annemblichkeit deß Gesangs die Vmbstehen=
den zu Vernehmung deß in hiernachstehenden Worten kurtz begriffe=
nen Inhalts / vnd zuegeaigneter Außdeutung dises Festes / an sich ge=
zogen.

Die Fama. Von der Gestirnten Bahn /
        Wo Jasons Siges Schiff beewiget / die Sterallen
        Mit reichem Sterne schein vnsterblich lasset wallen /
        Khumbt selbes mit gewohnter Helden Hand
        An den beglückten Ister strand
        Allhier nun an :
        Die sellen Streid Leut sein / deß / so da vnverschoben
        Sich zwischen Lufft vnd Wasser hat erhoben /
        Entstandnen hochen Streit /
        Der andres nit / als bloß deß Mars Gerichte leide.
        Diß ist der Wahlplatz hier /
        Diß ist das Felde /
        Wo die in grosser Zahl erkhüste Ritter Helde /
        Ein ieder Theil sein recht den Waffen stellet für.
        Deß Feuers Element /
        So in dem Lufte allein hat seine Rhue /
        Zu dessen Beystand sich mit khecker folge wendt ;
        Die Erde geht dem Wasser zue /
        Den Zuespruch ihrer Seiten
        Mit gleichen Waffen zubestreiten.

                                                  Khein

Khein dapfrers Recht/khein würdigerer Serie
Hat noch die Ritter-Schranckh bißher geöffnet nit.
Bereitet dan / berühmte Sieger Ihr/
Bereitet nach Gebier
Dem Sieges-fall verdiente LorberCron/
Sambt dem besiegten Ruhm/der Ehren hochen Lohn.

Als nun hierauff die angelangte Argonauthen oder Helden deß
Schiffes erkhent/daß die Dapfferkeit deren Ritter / welche disen vorhabenden Streit der zusam vereinten Elementen mit der Macht ihrer Waffen zuentscheiden sich entschlossen / ihrer vormallen vnderfan-
genen Khünheit weit bevorgehe/ haben sie denen Jenigen / so die Ob-
hand erhalten wurden / zu Sieges Zaichen daß von Jhnen erorberte
Guldene Vlüß zusambt dem erhaltenen Ruhem abzutreten/mit folgenden erbothen.

Rheyen der Diß Guldne Vlüß/so vormalen allein
Helden auff War Vnser Khünheit Zill/vnd Namens Ewigkeit/
dem Schiff. Soll ihres Siges Preiß / diß soll der Dapfferkeit /
Vnd deß vnsterblichen Verdienstes Lohne sein.
Khaumb endeten selbige dises / als die Fama/ so alles höret/vnd alles
offenbahret / nach Vernehmung deß Trombetenthons die bereite
Herbeynahung der Streitbaren Helden angedeutet.

Die Fama. Nun trombete
in die Wette
allbereit von fern erschallen/
Deren Streit-vnd Freud-gelingen
thuen nachklingen
in den Feldern/Berg/vnd Thallen.

Waffen blincken/
Dorther flincken/
Swöhres Vlitz von weiten scheinen/
Sehe erkhecke die Elementen
sich nun wenden
mit den Jhren zubereinen.
Wormit vnder einsen sich auch die Lincke Porten öffnete / auß welcher
die Streitenden Rheyen nach einander hervor khamen.
Der erste derenselben / war alsobalden auß denen Zueaignungen
vor ienen deß Luffts erkhent ; vnd ritte vor deren Zahlbahr = vnd
prächtigem Auffzug/deß Durchleuchtigisten Herzogen von Lothrin-
gen Auffwarter vnd Stallmaister voran her/ angelegt mit einem zierlichen

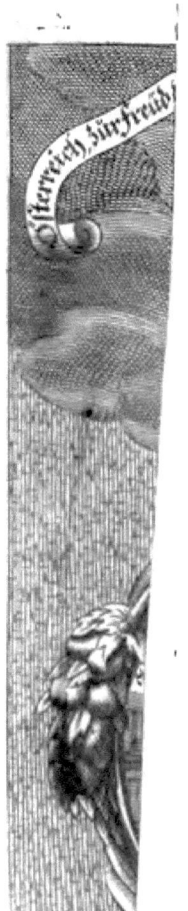

Käyserliches Vermählungs Fest, geschehen zu Wien den 5. Decemb: A: 1666

lichen Kleid von silbernen Tock der ienigen Farb/welche bey Auffgang der Morgenröth den Tag bekleidet / das Leibstuck ware mit Gold/ vnd Steinen besetzt/ vnd mit Gold verbrämbt/ so dan allerhand Farben Straussenfedern von der mitte vber den Schurtz/ welcher nicht weniger als der fliegende lange Mantl/ Kappen/ vnd Federbuschen deß Kleids Farben beglaitete; vnd zwar erscheinte Selbiger auff einem statlichen allerseits zierlichist behencktem Pferd/ gefolget von acht Bedienten zu Fueß/ welche alle in eben solcher Farb mit Bruststuck/ Schurtz/ vnd weiten Ermeln/ alles mit kleinen Federn auffgemacht/ vnd dan ihren schönen Federn auff denen Kappen/ eintratten.

Hierauff wurden von achte Reithknechten/allen in eben dergleichen Aurorafarben mit Federn besetzten Kleidungen/ vier köstliche Handpferd nach einander geführet / iedes die Menne dick mit Bändern/ vnd hangenden Tock eingeflochten/ mit reichscheinentem Kleinoth an der Stiern behenckt/ Zeug vnd Mundstuck mit edlen Steinen geziert/ im vbrigen mit ihren von Morgenröthfarb mit Silber eingetragnen auff das reichiste mit Perlen/ vnd Steinen versetzte Decken belegt/ auff deren mitte ein gestickter grosser Kopff eines Winds/ vmbgeben mit Sterne von hellen Steinen/ wie auch an denen braiten HangSchueppen/ vnd ausseren Enden andere kleinere dergleichen Winde vnd Gesichter sich befanden/ welche an statt deß Luffts lange Quasten von Silbernen Tock/zwischen denen Fransen vnd anderen Zieräthen herab hangent hatten.

Die nechste so folgten/waren fünff Trombeter/vnd ein Heerpaucker mit Röcken von besagter Farbe Tock/ mit Gold verbrämbt/auch dergleichen Taffetenen Binten vmb die mitte/vnd weiß herunter hangenden langen Ermeln: Auff Pferden/so alle gleicher Farb sehr köstlich gezieret waren/wormit dan auch die Fähnlein/ Schnür/vnd Quasten ihrer Trombeten/ vnd Paucken einstimeten.

Vnd führten dise Tropp deß Luffts Jhre Durchleucht Hertzog Carl zu Lothringen/ als welche nicht allein durch Dero/ von erhebtisten Gemüthsvnd Geists naigungen beglaitete Hochheit sich alsobalden vor den Würdigisten Vertretter dises ersten Elements erkhenen/ sondern auch durch Jhre vnermeßliche Dapfferkeit / als von Jugent auff gewohnet sich bey denen schärffisten Feldschlachten wider die Feind soivoll deß Teutschlands als der gantzen Christenheit einzufinden/ die Großmüthigkeit deren Beyfolger desto vnüberwündlicher machten/ als da wahren/ Herr:

Grav Carl Ludwig von Hoffkirchen/
Grav Georg Sigmund Kazianer/

C   Herr

Her: Frantz Albrecht Julius Breiner/
Grav Ferdinand Ernst von Herberstein
Grav Wilhelm von Oetingen/
Grav Ludwig Coloredo /
Grav Adam Wilhelm von Prandeiß/

Alle Jhrer Röm: Kayserl: Maiestät Camerer.

Samentlich/ wie auch die von allen anderen Troppen/ mit ihren Pistollen an Sätlen/ und auff das ansehentlichiste mit Kleinodien besetzten Degen an der seiten/ bewaffnet.

Es ritten Hochgedachte Jhre Durchleucht einen Grauschimel/ auff einem von Silberstuck mit Gold und Perlen besetzten Satl/ auch gleichformig bereichtem Zaum/ dan Mundstuck/ und Piglen von Gold; das ubrige Gezeug zaigte/ daß es den Ritter deß Luffts tragte/ als welches etliche silberne Gewilck in einander geflochten/ uber zwerch aber underschiedliche Durchlauff von allerhand Farben eines Regenbogen/ so dan an denen Enden zwischen denen Edlgesteinen und Perlen/ ein Anzahl Wind hatte/ auß deren Mund an statt deß Windspraus sovil Goldene Tockh/ Quasten/ und andere Zierathen abwerts hangten: Auff dem Kopff führte ermeltes Pferd einen grossen puschen Federn/ eben auch Morgenröthfarb / mit etwas weiß vermengt/ und ob dem Gestirn einen grossen Stern von köstlichen Edlsteinen.

Jhre Durchleucht selbsten waren bekleidet mit einem glänzenden Brusistuck/ obenher mit Winden/ so dan durch und durch mit Sternen von Gold/ Perlen/ und Edlgesteinen besetzt; eben dergleichen auff das reicheft mit Winden gestickte Schueppen fielen herab auff die auch Aurorafarb Silberstuckene Ermeln/ under welchen folgents von dem rainesten Schlair andere mit Silbernen etwas Aurora gemischten köstlichen grossen Spitzen verbrämbte weite Ermeln sich lang hinunder begaben: Umb die mitte sahe man ein Giertl von allerhand Farben Straussen Federn/ und neben selben die Hang-Schueppen erhebten Stickwerchs/ auff deren ieden ein Kopff/ auß dessen Mund Gold/ und silberne Windsprauß heraußkhamen: Der Schurtz/ so auff einem Silberstuck voriger Farbe allerley gestickte Gewilck darstellete/ war eingetragen mit Sternen/ deme auch der auff der Achsel mit einem ansehentlichen Kleinoth angeheffte/ und in grossen bug underbundene fliegende Mantel von eben solchen gesternten Silberstuck in allem gleich/ und beede mit gar grossen goldenen Spitzen umbfangen waren: Uber die Aurorafarbe Strümpff glanzeten von unten biß auff halben Fueß die nicht minder mit Gold/ Perlen/ und Edlstein gezierte Römische Stifele. Auff dem Helm / der an reicher Beziehrung

Alla Serenita del Gran Principe Alberto, e la Sepultura del Ansinesi ... Sig. Conte Carlo di Loreno ... in ... abu... la ... dep....

rung dem Brustsuck nichts nachgabe/erhebten sich/ober einer zuruck=
werts fliegender kostbaren Silbernen mit Spitz besetzten Biaden/von
bißhero vngesehener Höche die Morgenröthfarbe mit etlichen weis=
sen/auch zwischen hin kostbaristen Raigerpuschen/vermengte Federn.

Mit diser Jhrer Durchleucht Bekleidung vereinte sich auch der
in allen vnd ieden selbigem gantz gleiche Auffzug der vbrigen vorbe=
neaten ansehentlichen Ritter dises Elements.

Neben her giengen zu Fueß zu Bedienung mehr Hochstgedacht
Jhrer Durchleucht/zwö ff=vnd neben ieden der anderen Cavalieren
allzeit sechs Laggeyen/alle denen vorigen gleich in Silber vnd Auro=
rafarben mit vnderschiedlicher Arth Federlen außgebrämbten Klei=
dern/mit ihren dicken Federn auff den Khappen/vnd Donnerplitzen in
den Handen.

Disen so ansehlichen Auffzug beschlusse/vnder Vortrettung zu
Fueß eines auch in Aurorafarben Tockh bekleidten Anführers/vnd de=
me zuegegebener/auff Arth der vorigen angethaner vier Diener/ein
grosses Gewilck/ob deme auff ihren Thron/oder Wagen die Göttin
deß Lufft Juno in prächtigister Bekleidung von liechtblauen Atlaß/
mit Gold/Perlen/vnd Edlgesteinen versetzten Rock/vnd Brustsuck/
auch dergleichen weissen hin=vnd her mit Gold verbrämbten/vnd von
aussenherumb auff blau ebnermassen mit Gold/vnd Perle vberstickten
Flug=Mantl/vnd guldener Cron auff dem Haubt erscheinte: Ober
selbiger aber die schöne Iriß/deren Siegprangender Regenbogen der
Juno das Schattentach bereitete/angethan in einem Weirlbraunen
mit Gold vnd Steinen reich gestickten Kleid/daran die Schueppen
allerley Farben hinab hangeten/vber den/vornenher auch gestickten
villfarbigen Rock/mit deme der mit goldenen Spitzen gebrämbte/
von der Achsel fliegende Mantl an menge der Farben/vnd köstlig=
keit gleich khame; Nechst herumber befanden sich die Nimphen deß
Lufftes/theils in blaulechten Atlaß/theils in Aurorafarben Tockh/
mit Silber/vnd Gold verbrämbt. Zur Erden aber vier vnd zwaintzig
gantz vnd gar vbergoldete Greiffen/die Kleidungen deß Königs der
Vögel/vnd ienes der Thieren/als halb Adler/halb Löwen darstel=
lent/alle auch mit Donnerplitzen in denen Pratzen.

Hierauff folgte die Tropp deß Feuers als Beystande deß Lufft;
voran khamen/vnder Vorritt eines in Feuerfarb geflambten Tockh ge=
kleidten Stallmeisters/vnd dessen Bedienter zu Fueß/so alle mit
silbernen flamenten Leibstuck/vnd dergleichen Feuer=rothen Tockh an=
gethan waren/ Die 4. Handpferd/iedes/wie vorige an goldenen
Stricken von zween Reithknechten geführt/mit köstlichen Decken/
auff deren mitte ein Salamander in dem Feuer/aussenherumb aber

lauter

lauter Flamen / mit Gold vnd Steinen besetzt / vnd groß Perleuen
Schnüren vmbfangen/ auch nicht weniger mit flamenden Quasten/
Fransen/ vnd anderen behengt/ im vbrigen an Federn vnd Zeug denen vorigen in der Kostbarkeit vnd allem gleich/ bloß mit dem Vnder-
schied/ daß/ wie daselbst deß Luffts/ also diß orths deß Feuers Farb/
vnd Aigenschafften zur Zierde dieneten. Selben folgten ebenmessig
fünff Trombeter vnd ein Heerpaucker zu Pferd in Jhren von Feuer
vnd Flamen hellscheinenden Tockhenen Röcken.

Dise Troppe führte Der Röm: Kayserl: Majestät General
Leutenant/ wie auch Gehaimber- vnd Hoff Kriegs-Rath/ Herr Rei-
mund Grav Montecucoli/ dessen vnvergleichliche Vortrefflikeit/ so
wol in Vebungen der Waffen vnd deß Kriegs/ als vnermathe Erfahrenheit in allerhand anderen Tugent-beliebungen/ vnd Wissenschafften/
neben denen so vilfältigen höchst rhuemwürdigen Kriegsthaten in
Welschland/ Franckreich/ Nider- Holl vnd Teutschland/ auch Den-
nemarck/ Pollen/ Sibenbürgen/ vnd Hungarn/ absonderlich aber/ in
deme er jüngsthin die vnermeßliche Hoffarth deß Ottomänischen
Herrschers/ vnd dessen vnzahlbare dargestandene Kriegsheer mit vill
ringerer Anzahl in dem Fluß Raab versencket/ vnd zu nichten ge-
macht/ billich die gantze Welt mit ewiger Namens Vnsterbligkeit
bekhrönet. Wie sich danenhero auch anders nicht gezimen khünen/
als daß der jenige/ so in die viertzig Jahr sich in der Hitz deß Mars/ vnd
den Kriegsflamen geübet/ vnd vermitls seines brinnenden Eiffers von
dem vntersten Staffel zu dem höchsten Befelch erhoben/ vor andern
die Anführungsstell vnder denen ansehenlichen Rittern deß Feuers ha-
be/ als da waren Herr

Grav Johann Rudolph Marzin /
Grav Bartholme von Starmberg /
Grav Eneas Caprara /
Grav Jacob Andre von Brandeiß /
Herr Frantz Leopold Freyherr von Tier-
    heimb /
Grav Georg Sigmund von Traut-
    manstorff /
Herr Ernst von Scherffenberg /

    Alle der Röm:
    Kays: Majest:
    Camerer.

Die Klaidung Hochgedachten Herrn General Leutenants ware ein
Liechtglantzender Harnisch / besetzt mit Flamen / vnd khöstlichisten
                                   Edlge-

Veduta Presa per la Bandinga del Pozzo servita dal Sig.r Illu.mo Sig.r Prence Maurice Ricciardo Conte Montenuovo accompagnator[...]

Eigentliche und deutliche Abriß des prächtigen Kunst und Freuden Feuerwercks welches an der Festivität des Kayserlichen Beylagers zu Wien vor dem Kärnthner gehalten und gesehen werden.

Edlgesteinen / welche einen Phenix ober dem brinenden Fewers
Hauffen auff das scheinbareste gestalteten ; Von der Achsel
sahe man andere von Robin vnd Gold gemachte Flamen auff
den auch reichest gezierten Ermel hinab fallen / vnder welchem
von dem allerfeinesten Schlaier/vnd grossen goldenen mit etwas wenig
roth eingetragenen Spitzen / andere lange weite Ermel sich abwerts
erbraiteten ; eben dergleichen kösliche / vnd auff das schönst gearbeite
Flamen hangeten auch von dessen Mitte vber den Silberstuckenen
mit Fewer-Flamen eingewirckt / vnd grossen guldenen Spitzen verbrämbten Schurtz ; vnd bedeckten im vbrigen den Vatern theil der
weissen Strümpff die silberne mit vnterschiedlichen Edelgesteinen/vnd
künstlicher Gold-Arbeit Flamen weiß gearte Stiffel. Das Haubt
vmbgabe/ an statt deß Helms/ der von Fewer lebende Salamander /
ob deme sich ein vber die massen grosse Ordnung schönster Federn in
solche Höche begabe / daß man sie in Beystimmung der natürlichen
Fewersfarbe / viel mehr vor mächtige ihrem Element wettweiß
zueeilende Flamen ansehen solte. Vnder selbigem hangte von ruck-
werts ein mit Mäschen von Robin vnd Perlen auff der Achsel ange-
heffter / von Flamenden Silberstuck / mit dem grösten Spitz einge-
faster fliegender Mantel. Sein Pferdt ware auff gleiche Weiß mit
Fewerfarb guldenen Tockh / vermitls einer Stickerey von Gold / vnd
Steinen / auch endweiß dopelten Rheyen Perlen gleichsamb in lauter
Flamen gesielt / deren auch eine von köstlichem Kleinod zusambgefiegt
demselben auff die Stiern herab gehangen / ob deme sich ein hocher
Buschen Fewerfarber Federn erhebte.

Die folge dessen zu Fueß gehender Bedienten bestunde in zwölff/
wie auch eines jeden der vbrigen Cavalieren dieses Elements / die
eben auch wie die vorigen / ihrem Haubt gleich beklaidet waren /
in sechs Persohnen/alle wie die vorermelte Diener in Fewerfarben
Tockh mit eingemengten Flamen angethan / vnd Flamen in denen
Handen haltende.

Hierauff kame in eben dieser Farb Beklaidung ein Anführer zu
Fueß neben seinen bedienten / deme folgte hinach ein von langwürigen
Fewerdunsten außgedoret / vnd vbereinander gefallener Felsenberg /
dessen Höllen / vnd darinnen rasende Schmids-Gesellen zuerkenen gaben / daß selbe die Werckstatt deß Gott deß Fewers Vulcans seye /
welcher auch zur höchste dessen mit seinen schwären Schmidhamer
vber die Achsel stunde/vnd von dort auß in denen Gemüethern der seiner seits Streitenden Ritter/das Fewer der Dapfferkeit in so viel be-
stendigern Flamen zuerhalten ; Er ware theils bloß / ausser daß er
obenher an dem Leib ein köstliches Gestückwerch / von der Mitte aber

D ein

ein Anzahl Flamen an statt der Hang-Schuepen / vnd darunder
einen schwartzen von Gold vnd Edlgestein mit silbernen Fewern reich
gestückten Schurtz / vnd dergleichen fliegenden mit goldenen Fewer-
funcken / vnd auch Flamen besetzten / nit weniger mit braiten Stück-
werck / vnd grossen Spitzen eingefasten Mantl vber den Rucken
weit hinab hangent hate. Neben seiner befanden sich seine Zuegege-
bene / mit gestickten Leibstucken von Silber Stain vnd Perlen / vnd roth
tockhenen Schürtzen. Die 24. so zur Erden neben her tratten /
waren angezogen als wilde Bergleuth / jhre Hämer ob den Achslen
tragent.

Dise beede Obere Elementen hatten kaum den Platz betreten / als
in gleichmässiger Ordnung der vorigen auff vorantt eines Stallmai-
siers / neben seinen Bedienten zue Fueß von achte Reitknechten abermal
vier Haudpferdt hergeführt wurden / deren Blumeranfarb silberne
Decken zwischen einem ansehentlichem Gestückwerch von Gold /
Schmaragden / vnd Perlen vnterschiedliche Muschlen vnd Meerwun-
der von aussenherumb / in der Mitte aber zween spillende grosse Fisch
vnder andern Meersachen darstelleten / im vbrigen / gleich denen andern / mit jhren Quasten vnd Fransen behangen waren. Dann kamen die 5. Trompeter vnd ein Heerbaucker in Röcken von blawen
Tock mit jhren Schuepen von Meer-Bintzen / Muschlen vnd Corallen / auch blawen Tafetenen mit Gold besetzten Binden vmb die Mitten / deren Frewdenthon die Ankunfft der Ritter deß Wassers an-
kündete / welche der Durchleuchtige Fürst Herr Philipp Pfaltz Gra-
ve zu Sultzbach angeführt / als durch dessen vnerleschlichen Ruhm
vor längst in die Jahr-Bücher der Ewigkeit eingetragen worden /
was Dapfferkeit er zu allen Zeiten seinem erhebtesten Stamen zuege-
setzet / absonderlich aber / mit vnvergleichlicher Darstellung deren /
so wol vor den Großmächtigsten Adler deß Heil. Römischen Reichs /
als auch der Venetianischen Beherrschung vnüberwindlich gezäigelten
Löwen / wider den allgemeinen Feind der Christenheit / worvon
dann die Gestatt vnd Weite der erbratten Meer zu aller Zeit vnstillbar
erschallen / vnd danenhero auch Neptun / oder dessen Wasser vnd
Meer-Reiche höstbillich vor allen andren Selbigen zu beschützung
jhres Theils erwelt haben / vnder welchem dann folgende hernach
eileten / als Herr

Grav Joan Carl Palvi /
Grav Frantz Maximilian von Manß-
feld /

Grav

Fico di Mare con Nettuno per le Squadriglie dell' Acqua, condotta dal Sigᵐᵒ Sig Pepl Filippo di Salopach con accompagnatura di Tavola Vana

Carlo Frgoto Impit   Medesme per Mag I C M fu et libo   Raznofava ryba from I C M. inp

Seno di Mare, con Nettunno per la Squadr

Carlo Pasetti Inuen :

M. sculp et fe

Grav Eraßm Friderich von Herberstein/
Grav Seyfrid Christoph Preüner /
Grav Heinrich Frantz von Manßfeld/
Grav Ferdinand von Herberstein/
Grav Maximilian von Fürstenberg/

Alle der Röm:
Kays: Majest:
Camerer.

Jhrer Durchleucht Brustjuck ware mit Silber geschuept / vnd mit
vnterschiedlichen von Edlgestein Perl vnd Corallen gesialteten Mer e
Fischen vndertheillet / welches sich mit eben/ von dergleichen bereichten
Hanaschueppen von der Mitte vber den Meerfarben gestickten/ vnd
mit groß guldenen Spitzen geendten Schurtz/ wie auch von der Achsel vber die silberne Ermel herab erstreckte: Im vbrigen hatten sie
vber die blaulechte Strümpff biß auff halben Fueß/ auff das köstlichst
besetzte Römische Stiefelet; von der Achsel aber einen lang fliegenden Mantl von blaulecht / oder Meergrünen Silberjuck/dessen Stickerey ein Meer von Fischen darstellete/vnd das Ende/wie der andern/
ein gar grosser guldener Spitz vmbgabe.

Mit gleichmässigen Andeutungen deß Meers Aigenschafften
war dero Pferdt auff daß kostbahr: vnd zureichest auffgeputzet / ein
ansehenliches Kleinod auff dem Stiern / vnd seines Elements farben
in denen hierob stehenden hochen Federn habent. Der Helm mit
deme Jhr Durchleucht sich bedeckten/ war in Form eines Delphin
Kopffs /vnd scheunten die ob selben stehende vberauß groß vnd hoche
blaulechte mit etlich weissen vndermischte Federn / ein Anzahl schau-
mender Wellen/ die sich auß Antrib der Winde / biß an die Himel
erheben wolten.

Vnd diser Jhrer Durchleucht Beklaidung waren ebenmässig
aller der andern Ritter deß Wassers Beklaidungen in allen gantz gleichformig.

So dan folgten Deroselben zu Fueß zwölff / wie auch iedem deren vbrigen Cavalieren sechs bediente / alle mit dreyspitzigen Meerga-
blen in der Hand/ vnd von blumeranfarben Tockh/mit Zierathen von
Muschlen / Meerblumen / vnd Corallen angezogen.

Nach diesem sahe man ankumen auff vorher gehenden Anwei-
ser zu Fueß vnd dessen Bediente / ein Gegend von Felsen / das
prächtige Meer in sich schliessent / dessen allerseits erhebte Wellen
auch darin sich befindente Wasser-Götter höchst begierig sich erzeigten
ihr Element zu beschützen. Ober deren sasse Neptun auff
einem von lauter Schätz / vnd Seltenheiten deß Meers auff das reicheste erhebten / vnd mit zwey MeerRossen bespanten Thron / in zor-

D ij   niger

niger Gestalt / daß sich iemand vnderstehen solte / seinem Reich den
Preiß der Perlen in Zweiffel zuziehen / mehrern theils bloß / auffer
deß vmb die Mitt geschlossenen Meergrienen mit Muschen vnd dergleichen / auff das reicheste gestickten Schurtz / vnd darüber fallenden
Hangschueppen / wie auch deß / an köstlichisten vmb den Halß vnd
Achsel herumb gegebenen Kleinodien / angehefft fliegenden Mantls
eben selbiger Farbe.   Nebenher beglaiteten Ihn viertzig Wind / als
seine aigene vnd stärekeste Macht / alle an Rucken / Armb / vnd Füssen
geflügelt / im vbrigen nackent / auffer daß deren mitte mit blauen sil-
bergestickten Schurtz vmbgeben.

Mit gleicher Dapfferkeit folgte auff ietzt beschribenes Element /
dessen Be-hülff / neemblich Jenes der Erden: Voran ritte / wie bey vorigen / ein Stallmaister mit seinen Bedienten zu Fueß / deme folgten
zwischen denen Reithkuechten vier Handpferd mit weissen grüngezier-
ten Tockhenen Decken / gestickt vermitls schönster Kleinodien Gold
vnd Perlen von auffenherumb mit allerley Früchten vnd Blumen / in
der mitte aber mit häuffig ineinander geflochtenen Bluemenstrauß /
Fruchtbüschen / vnd anderen schätzbaren Sachen / so von der Erd her-
komen / alles auffs köstlichiste gestaltet / vnd nicht mindere Reich- / Kost-
bahr- vnd Zierligkeit / als der vorigen Elementen Ihre / in sich hal-
tend.   Nach denen Handpferden folgten die fünff Trombeter / vnd der
Heerpaucker zu Pferde / deren Röcke / wie im vbrigen auch die Klaidung der samentlichen Bedienten zu Fueß / beederley in der Arth denen vorigen gleich / alle von silbernen Tockh / mit grün vnd Gold verbrämbt / vnd durchgehent mit auffgehefften köstlichen Bluemen vnd
Früchten also besetzt waren / daß sie villmehr einen reich besäheten
Garten / als fast eine Klaidung darstelten.

Auff welche so dan Ob-Hochgedacht Jhrer Kayserl: Majestät Ge-
haimer Rath vnd Obrister Stallmaister Her: Gundakher Graff
von Dietrichstein dise Troppen anführte / welcher sowol wegen Vor-
trefflig keit deß ansehentlichist-ältesten Geschlechts / als Bedienung
Hocher Kayserlichen Hoff-Stellen / absonderlich auch vmb seiner von
iedermänniglich gepris enen Manier / vnd Annemblig keiten willen / mit
welchen Er Jhme alle Gemüether zuverbinden pfleget / gar billich
nicht allein bey diser Troppen den ersten Platz / sondern auch dises gantzen Freudenfests die Ober-Anstalt zuhaben erkhist worden.

Zu dessen Bedienung giengen neben bey / gleich anvor / zwölff /
vnd dan neben Jedem seiner nachfolgenden Ritter sechs Persohnen zu
Fueß / alle auch auff vorermelte weiß geklaidet.

Dero Pferd war bedeckt mit vnderschiedlichen Laubwerch von
grünen Silberbräm vnd Stickhereyen / vndermischt mit reiffen Frücht
vnd

Giardino di Berecintia per la Squadriglia della Terra, condott.^{lmo} et oggi

Carlo Pasetti inuen.   sculpsit et fec.

vnd Bluemen / auch zwischen vnderschiedlichen fliegenden guldenen
Tockh mit denen Natürlichisten von Edlgestein / Perl / vnd Gold ver-
fasten Weintrauben / vnd dergleichen behencket.

Die aigne Bekleidung desselben wahre eine glantzende Waffen
oder Brustsuck / erhebt von vnderschiedlichen Silbergestickwerch / wie
auch von allerley Farben Edlersteinen zusamb gefüegten Bluemen /
mit grüen vnd weissen Ermeln / welche auff ieden Armb mit einer Anzahl Bluemen geendet / sich in andere schlairene weite / mit grossen
Gold- vnd etwas grünen Spitzen verbrämbte Ermel außthailten ;
Von der mitte hangete ein auff das reicheste von Bluem- vnd Frücht-
werch gestickter / vnd mit einem grossen guldenen Spitz vmbgebener
silberner Schurtz / welchen / wie auch die kurtzen Ermel / an stat der
Hangschueppen gleichmessig künstlichiste Laubwerch zum Theil bedeckten / mit deren Kostbarkheit im vbrigen auch die / vber weisse
Strümpff / erstreckte silberne Stiffelet einstimmeten : An der seiten
führte derselbe gleich denen andern ein mit Edlgestein auff das reichest
versetzten Degen ; Von der Achsel aber hangete an einem vberauß
kostbahren Kleinod der fliegende Mantl von grünen Silbersuck mit
Bluemen von Stick-Gold- vnd Stainwerch besähet / auch vmb vnd
vmb mit guldenen Spitzen absonderlicher Grösse eingefasset. Auff
dem Helmb erzaigte sich gleichsamb ein Wald von grossen hochen mit
vnderschiedlichen Bluemen vndermischten Federn : Die folge deren
vor die Erde Streitenden Ritter / so alle eben auff gleiche weiß auch
beklaidet wahren / bestunde in hiernach beneuten / Als Herrn

Grav Johan Balthasar von Hoyos /
Grav Christoph von Bratißlau /
Marggraff Johan Baptista Spinola /
Grav Gotthard Heinrich von Salla-
    burg /
Grav Maximilian Adam von Wald-
    stein /
Grav Sigmund von Thunn /
Grav Adam Maximilian von Sant
    Julian /

Alle der Röm:
Kays. Majest:
Camerer.

Hierauff kame mit gemacher vnd vnbekanter Bewegung ein an-
nemblichister Garten / vmbgeben mit Seülengländern von Metall /
darauff villfältige dergleichen Bildnussen vnd Fruchtgeschier stunden /
wie auch mit vnderschiedlichen künstlichisten Springbrünen / so wol zu

E
                            Lust

Lust / als annemblicher Bewässerung der daselbst abgetheilten
Bluemstucken ; In mitte dessen befande sich zwischen denen Rheyen
der Cypreßbaumen / auff Marmelsteinenen Säulen ein hocher auch
mit Metallenen Brustgländern eingeschranckter Lust-Thron / vnd
auff selbem Berecinthia die Göttin der Erden / beklaidet in grüenen
Atlaß mit villen von Perl vnd Silber gestalteten Frücht vnd Bluemen / auch sonsten von Gold auff das reichste verbrämbt / dan mit
einem von allerhand Edlgestein besetzten grün geblumbten Fliegenden
Mantel ob der Achsel / vnd ihrer gewöhnlichen von erhebten Tür-
nen / vnd Bluemen zusammen gefüegten Cron auff dem Haubt.
Worneben ihre Nimphen zur gewohnten Bedienung / wie dann auch
zur Erden 24. Wald-Männer mit wilden Baumen in den Handen sich
sehen liessen.

Als diese vier Troppen mit ihren Schau-Gerüsten / deren iedes
sich bey 130. Schuech in dem Vmb Craiß / vnd vber 30. deren in der
Höhe erstreckte / auff dem hierzue bestimbten Platz angelangt / haben
sich selbige in solcher Ordnung Rings vmb das in der Mitten stehende Schiff / vnd die darauff haltende Argonauten / oder Richter deß
vorhabenden Streits / als nemblich einer seits vber den Platz hinauff /
so dan / nach abgelegten vnderthänigisten Naigungen an Vorbeyge-
hung Beeder Kayserlichen Majestäten / vnd Ertz-Hertzoglichen
Durchleucht / auff der anderen Seiten wieder herab begeben / folgents auch also gewendet / daß mit prächtigister Besetzung deß gantzen Platzes / die Schau-Gerüste / vmbschrancket iedes aussenher von
seinen Streit-vnd Schutz-Rittern / beederseits nechst deß Schiffs
sich abgetheilt / daselbst die Behebnuß vnd Vrsachen ihres Streits /
vorhero mit offener Stimme / ehe mit Waffen / zu erbraiten: allwo dan
Juno vnd Neptun / iedes die Gemüether der erkhüsten Richter zu bes-
serem Vortl seines theils zugewinnen / ihres Streits Rechte vnder
der Liebligkeit angenember Singstimmen also vorgetragen.

Juno.	Vnd gibet dir der Sinn /
	Der schönen Perlen Preiß mir abzusprechen:
Neptun.	Vnd hoffest du sohin
	Mir dises Recht / den Ruhm mit Gwalt zuschwechen?
Juno.	Von meiner Einfluß macht
	Allein die Perlen sprossen /
Neptun.	Diß alles wird volbracht
	In meiner Muschlen schossen /
Juno.	Sie sein deß taues Feuchte
	Von Lufft zusam-gestaret /

Die

*foldout/map
not digitized*

	Die haidrer Schein beleuchte/
	Gezeitigt / vnd verwahret.
Neptun.	Den Preiß sie doch erhalten
	Allein von meinem Reich/
	Daß sie dan sein gehalten
	Den Edlen Steinen gleich.
Juno.	Ihr Anfang von mir rühret
Neptun.	Von mir was sie geschetzt
Juno.	Ihr Ursprung mir gebühret
Neptun.	Mir/ was Ihr Preiß ersetzt.

Sobald dise beede Gottheiten deß Lufft vnd Wassers sich mit solchem Jhrem Wortstreit heraußgelassen / sein auch die andern / neben deren vier beywesenden Rheyen/ mit Zuestimung sowol Jhrer Gemüths-Mainungen/ als auch ihrer angenemen Singkunst beygefallen.

Juno/ Vulcan vnd ihre Rheyen.	Die Lüffte
	Die Klüffte
	Der Muschlen betauen
Neptun / Berecinthie vnd deren Rheyen,	Die Wellen
	Sie schwellen/
	Ihr Wesenheit bauen.
Neptun. Juno.	Mein rechte sich schützet ;
	Auff selbste gestützet
Neptun.	Ohn Ursach dich setzest /
Juno.	Dein Hoffnung verletzest.
Neptun, Juno.	Drumb weiche O Juno Neptuno vmbsonsten beschwitzet, erhitzet

Rheyen der Juno vnd deß Vulcan/wie auch deß Neptun vnd der Berecinthien.	So kostbarer Wahre/
	So schätzbarer fahre/
	Gebiehret dem Lufft der Rhuem nur alleinig die Ehr dem Meer.

Dem zufolge Vulcan auß Antrieb seiner Hitz - vnd feurigen Natur/ etwas freyer mit disen Worten sich heraußgelassen.

Vulcan.	Das höchst Geschicke hat dem Lufft die Stell gegeben
	Dem Wasser obzuschweben ;

Durch welche Reden Berecinthie/als Beyhülff vnd Anhang deß Wassers/ sich gezwungen befunden zu Bestürzung des Vulcan vbermüethiger Gedancken zu antworten

Berecin.

Vereein. Villmehr dem Wasser weich/wer sich so leichtlich traut
Vnd seinen Grund in lähren Lufftte baut.

Wormit sie in dise verere Nachsetzung geriethen.

Vulcan. Worauff der Grund besteh / daß soll ohn verers schweigen/
Daß solle der mit recht erkhüste Vrtelsfall/
Dem Lufft zu Dienst bestärckhte Waffen wall
Mit vnfehlbarem Außgang zeigen.

Veree. So ist dan nun das Feuer so vermessen
Deß so vergwisten Siegs deß Wassers zubergessen:
Daß sich nie widerstelt
Wo nicht deß Feuers Flam erlöscht/ verliehrt das Felde.

Vulcan. Das Wasser soll durch mich ein anders werden innen/
Entzinder.Heldenmueth/
Erkhünter Gmüether Glueth
Durch Widerstand dest' Siegreicher entbrunnen.

Iris: disen Streit hörende / ob sie zwar sonsten die Ankhünderin deß
Frieden ist/empfande doch nicht weniger das Gemüth erhitzt/ welches
sie dann antribe sich alsobald zu denen Waffen zuerkhlären.

Iriß. Vnd ich deß Kriegs forthin
Nicht mehr deß Frieden Khünderin
Werd nun durch Juno Zorn mit meines Bogen Pfeilen
Der vndren Element die läh e Macht zertheilen.

Dero Juno/vnd Neptun nachstimende/an nun denen Zungen das still-
schweigen / vnd entgegen denen Waffen den Außtrag dises Streits
aufferlegten.

Juno. Auff auff dan behende/
Neptun. Was Zunge nicht kan
Der Waffen-Sieg ende/
Beurte fortan.

Denen auch die vbrigen/wiewoll in gehofftem Außgang vneinig/ in
disem aber/vnd absonderlich in bereiter Anmuethung ieder Theil seiner
Streitenden/ gleich-einstimende Elementen/ alsobalden beyfuhlen.

Vulcan. Zun Waffen nunmehr
Juno. Ihr Helde
Vereeinkhie. Jm Felde/
Neptun. Jn eurer Probe
Bestehen die Lobe
Der Siegbaren Ehr/
Zun Waffen nunmehr.

Die

Die vorigen vnd	Zun Waffen/ zum Streit
deren Rheyen.	Erscheinet
	Vereinet /
	Mit Kriegbarer Hande
	Beschutzet den Stande /
	Den Siege bereit /
	Zun Waffen / zum Streit.

Dannenhero denenselben hierzue Platz zuraumen / sich die Elementen
zugleich hinweg / vnd zwar Lufft vnd Feuer gegen Nidergang / Wasser
vnd Erden aber der seiten deß Auffgangs zue begeben / mit inständig
widerholter Zuerueffung

Zun Waffen / zum Streit !

Nach Abzug deren liesse sich die Fama mit Vorstellung deß verspro-
chenen Siges Lohn widerumben hören

Die Fama.	Seht hier das Guldne Vluß / O Dapffre Ritter Ihr
	Der Tugent Preiß / vnd eures Siges Zierh;
	Nur theck daran /
	Erzaige was Ehr / vnd Hoches Gmüthe kan.

So dan wendete sich / auch seinen Platz beyseits zunemen / das grosse
Gerüste deß Schiffes / mit so künstlicher behendigkeit / das man
glauben solte / selbiges in Mitte deß Meers bey häiderer Stille deß
Himels vnder angenemesten Antrib eines lieblichen Früelings-Win-
de mit seinen Seglen spiele; vnder welcher Abfarth die Fama / vnd
Schiffes Helden / der Streitbahren Ritter entzündeten Mueth vngefehr also verers aufeurten.

Die Fama	Trombeten / Clareten / Heerpaucken / vnd Trummen
vnd Rheyen	Last hallen / erschallen / die Lüffte durchbrummen.
der Schiff-	Zun Waffen / zum Gwöhre /
Helden.	Zur Siegenden Ehre /
	Mit dapfferen Streiten / vnd reiten zusam
	Behebet / O Helden / vnsterblichen Nam;
	Den Siege zuschaffen /
	Zun Waffen / zun Waffen.

In einem Augenblick erschalleten hierauff die gesambten Rheyen der
Trompeten / vnd Heerpaucken / den Ernst dieses Vorhabenden
Streites anzukinden.

Auff disen Martialischen Berueff erhebten sich beede Ober-
Häupter deß Luffts vnd Wassers / von denen andern / auch iedem theil
ergebenen Rittern nachgefolget / mit eilfertigen Lauff der Pferde

F   ihren

ihren stand deß streits zunemen/ vnd zugleich mit künstlichist ersuuten
Wendungen den Vortheil deß beßern Platzes zubeheben; wie dan
auch vnder wehrenden diesem die Bediente alle sich beyseits begaben/
vnd mit einer annemblichen Einschranckung/vnder abgetheiltem Vnderschied der Klaidungen die Weite deß Platzs einfangten.

Kaum waren beede theil auff ihren erkhisten Orthen/nemblichen
der Lufft mit seinem beyfallenden Anhang zu Nidergang/ vnd das
Wasser zu Auffgang/ als bey fortsetzenden heuffigen Trombeten-
vnd Bauckenklang/von denen Vier Häuptern der Troppen/ mit abtheillung auff zweyen orthen/ der Kampf angefangen wurde/ deren
ieder nach Soldat - vnd Ritterlichem gebrauch sich bemiehete den
Platz zubehaubten/ worauff iedes paar in erster begegnung gegen
einander die Pistolen geleßt/ so dan die Hand an den Degen gelegt/
vnd zweymal hiermit zusamb gelangt/ benebens mit vnderschiedlichen wendungen/ auch suchender gewinung deß Ruckens/ieder nit
weniger sein Ritterliche Erfahrenheit/ als auch geschwinde Wend-
sambkeit/ vnd gehorsamb seines Pferds/ von allen anwesenden ver-
wundern vnd annemblichist belieben machte.

Nach beyseits gebung diser/kamen von ieder Troppen ein/vnd also
beyderseits deß Platzs/ wie vorhero/ vberal zwey Ritter gegen ein-
ander/ mit gantz anderer wendung deren Pferden/ iedoch eben selbigen Waffen/ welche/nach dem sie mit gleichmässiger Dapferkeit vermitls Lösung der Pistolen/vnd entblössung der Degen aneinander be-
gegnet/ sich volzends wieder beyseits verfiegent gleicher Anzahl anderer Ritter zu mit minderer Darthueung ihrer sowol in anlaitung der
Waffen/ als der Pferde/ bekhanten Erfahrenheit den Platz gelassen.
Disen volgten so dan gedoppelte Zahl/ nemblich von ieden Rheyen
zween/ welche eben also abgetheilt zweymal mit Pistolen/vnd blancken
Waffen nit weniger auch mit solcher Dapfer-vnd Hochmütigkeit ge-
geneinander getroffen/daß selbige anderst nit/als mit gleicher erhebung
eines ieden/ hat könen außgesprochen werden. Auff diese begaben
sich von ieder Troppen drey in das feld/ welche mit gleichmässigen
Knall der Pistolen/ vnd Blitz der glantzenden Degen scharffen Ern-
sie bezeügten/ vnd hiemit in denen zueschauenden einen Lust - belieben-
den schrocken erwekhten. In deme nun bey abzug der vbrigen/ drey deren in dem Eifer deß Streits sich zu weit vor das Gesicht der Feinde
gestelt/komben von disen andere Drey hervor/welche selben von Rukh-
werts so lang nachsetzten/biß zu ihrer Beyhilf von denen ihrigen Drey
sich herauß machten/ auch deren Verfolgern ingleichen biß wider zu
ihrer Truppen nachjagten/ vnd dises iezt von ein - iezt von anderer
Truppen/ biß sich sodan Vier deren erhebt/ vnd durch solche mehrere

Zahl

Parti delle Figure dei Caroselli, Festa a Cavallo per le Auguste
Nozze S.C.N.
Formata dall'Sig.r Cav.r Alessandro Carduci.
Violino: van Hey: S.C.N. pie: et delin: fec:.

1

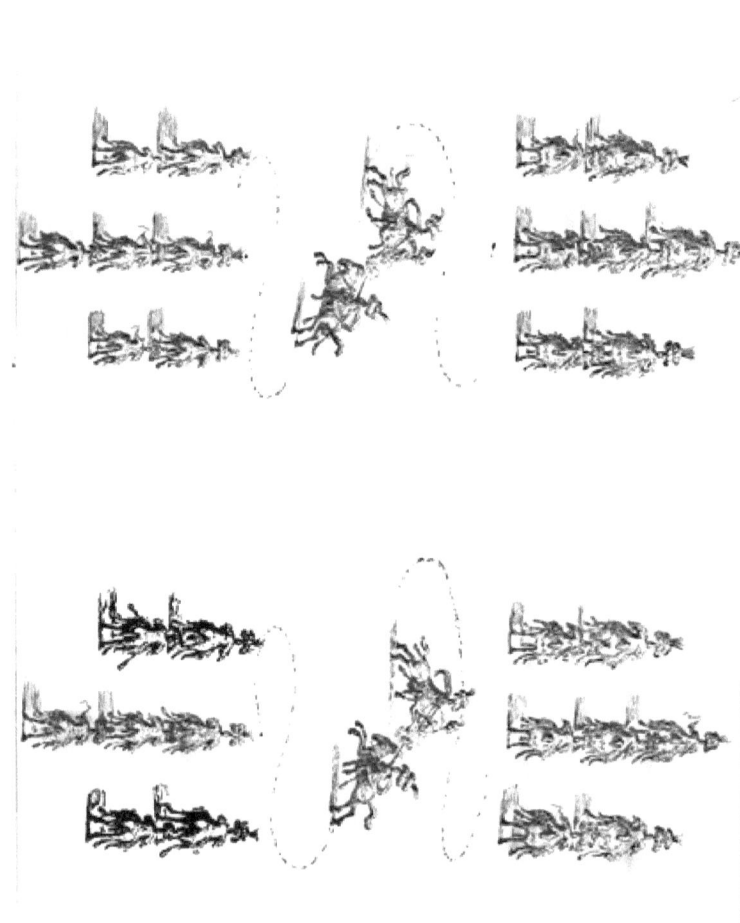

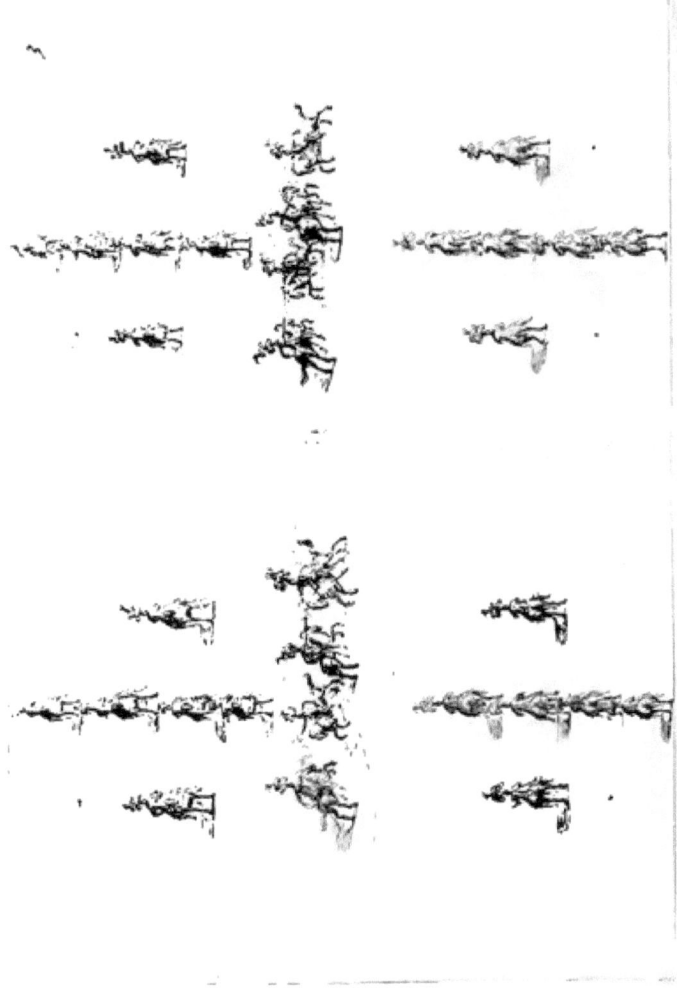

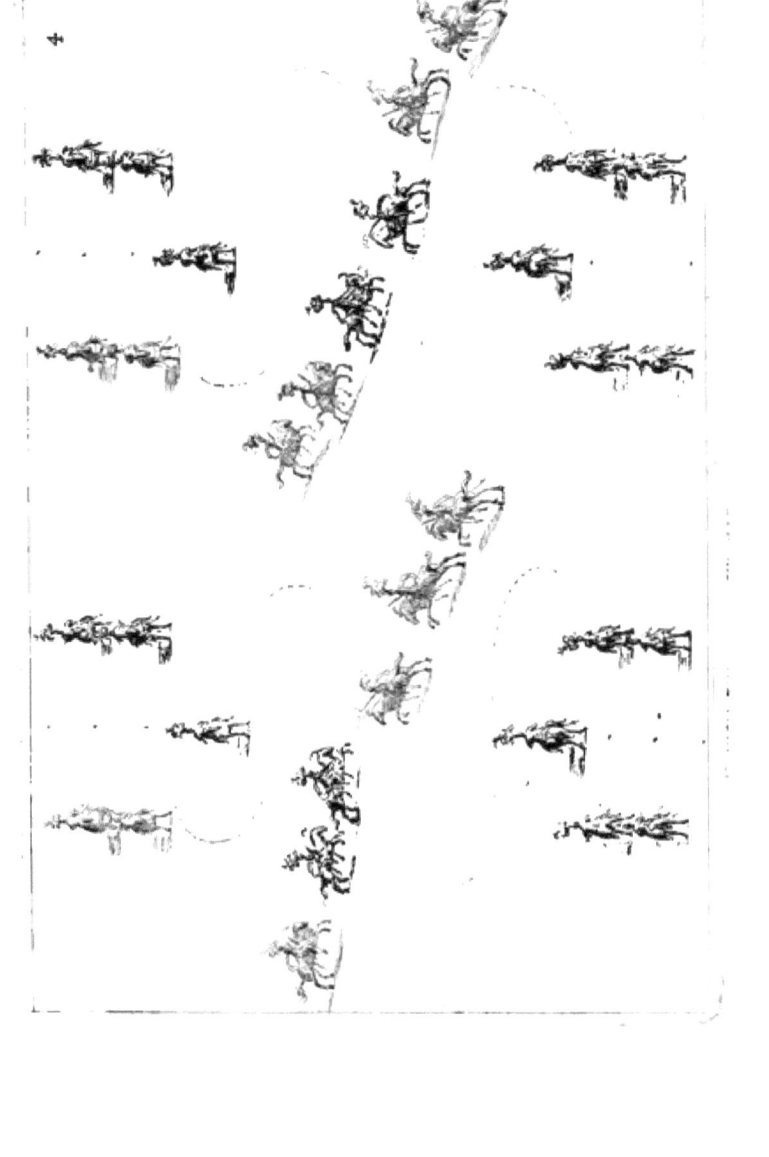

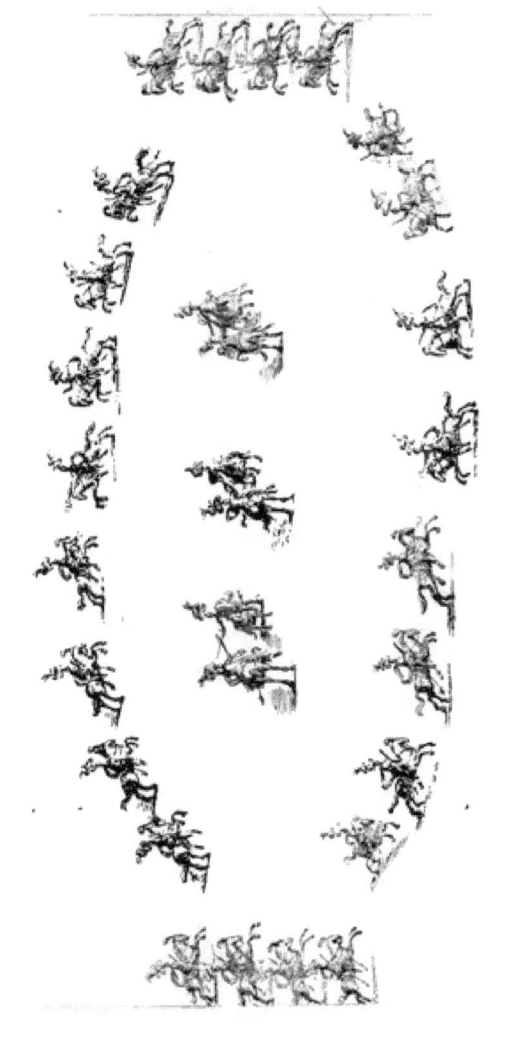

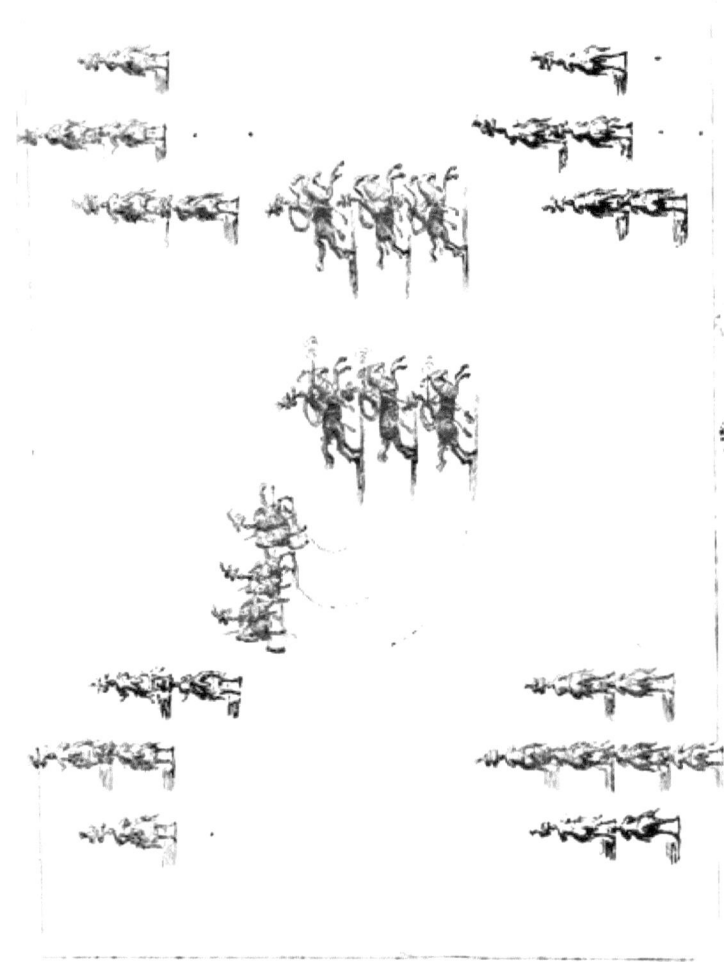

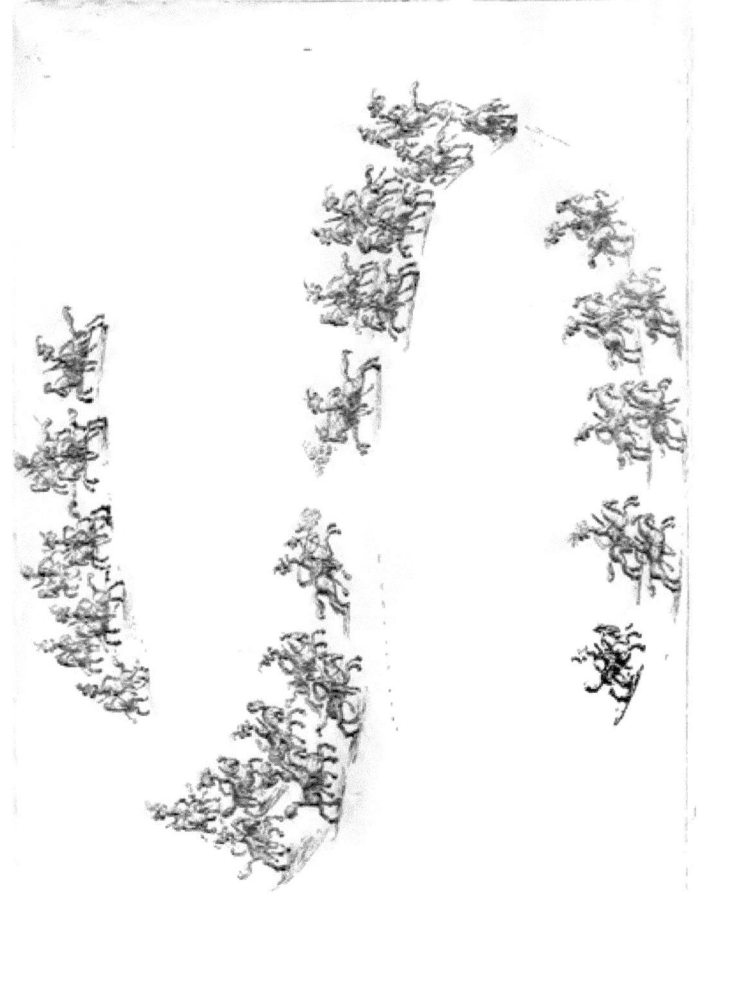

Zahl Vrsach gegeben/daß sich die vorigen zuruck gezogen/vnd hierauff vnderschiedliche Angriff vnd Scharmützl erfolgt seyen / bey welchen solche freyheit in Handlung der Waffen / wie auch dergleichen anlaitung der Pferdt so wol selbige der Zeit nach zuwenden / als die Eilfertigkeit deß Lauffs nach erforderung der begebenheit zuverwechslen/ vor Augen zusehen gewest / daß die allgemaine Zusammung der Zuseher sich gezwungen befunden / mit Einhelligem Vrtheil zubezeugen / was massen vnmüglich seye / daß ein anderer Kampfplatz einige Ritter /so Diesen so wol an der Großmütigkeit als Erfahrenheit vberlegen wären / vorstellen kunde.

Bey diesem mit gleicher Tapfferkeit / vnd auch Glükhes Außgang hechst annemblichen Streit wurden zugleich die samentlichen Vmbstehenden in Zweiffel gelassen / weme der Lorber = vnd Sieges= Krantz zugeaignet solte werden.   In deme nun hierauf die vor Eifer erhitzte Gemüether der Streitbahren Ritter sich Truppen wider Truppen in einem scharffesten Scharmützel gantz eiffrig gegen einander versiegten/vnd nach zweymahl gelösten Pistolen/eben vmb die Degen griffen/mit selbigen Jhnen den Sieg auff ein oder andere seithen zu verbinden/ thate sich vngefehr ein vnversehens Liecht auff der seite deß Nidergangs ob dessen Höhe hervor/welches mit beseihentem Hall als eines Donnerschals rueffte

Halt inn’ der Waffen Hitz!

Wormit die samentliche Ritter gleichsamb bezaubert wurden / zugleich die führende Hüb einzustellen / vnd die Augen dorten hin zu wenden / wo sie vnder einen von der Zusamenstimung annemblichster Stim= vnd Saithen=Erschallung sich hingezuckt befandten / welche Sie dan/neben widerholten Befehl die Waffen nider zulegen/ zu vernemmtig der gehaimen Vrsachen dessen beruefftte. Vnd siehe / auß deme daselbst sich von ein ander zertheilenden Gewülck komet gantz vnverhofft ein köstilichister grosser Tempel hervor/ welcher nie weniger durch sein ansehentliche Gestaltnuß/ als auch an Reich= vnd Herzligkeit ienes von der Alten Haidenschafft der Diana zugeaignet / vnd als ein Wunder der Welt biß anhero noch in vnsterblichem Ruhem erinderte Gebäw weit vbertraffe.   Dessen Gestalt ware achteckhet/ vnd ruhete von aussen herumb auff etlichen Staffeln/ob welchen an iedem Ekh sich Vier von Metal vnd rainestem Marbel Dorischer Arbeit auffgerichte Seulen in die Höhe begaben/welche ihre Ansehligkeit vnder denen künstlich erhebten Arbeiten / vnd zwischen=hangenden Früchtebuschen mit beliebtester Vndertheilung herauß scheinen liessen ; obenher war ein grosses Baugesimbs / vnd auff selben ein Brust= Seulengländer / welches vermitls darauffstehender künstlechister

F 2   Bildt=

Bildtnuffen/dem Vmbkraiß der Pfeiler/vnd zu Beleuchtigung deß
Tempels zwischenstehenden Fenstern/wie auch der oben darüber auß-
gehenden hochen Rundung/gleichsamb eine Cron machten; Zu höchste
denen erzeigete sich die Fama durch deren Beyhülff die in nechstgemel-
ten Bildnussen dargestelte Tugenden die Namen ihrer Besitzer vnd
Nachfolger in die Vnsterbliche Behaltnuß dises gloriwürdigisten Si-
tzes eintragen. Ob der schwelle deß Eingangs erhebte sich mit einem
von Acht Seulen erbaueten zierlichen braiten Vorgewölbe/ein Majestätischer Gipfel/deren Seulen halber theil vier eckhet/alle von Metall mit durchgehauenen marmelstamenen Zieraten vberzogen/nach
einander an dem Tempel an/die andern Vier aber hervorwerts gleicher maffen in einer Zeille her stunden/iedoch in deme vnderschieden/
daß die an beeden Eckhen auch Vierekhet von Marmel vnd Metall/
die mittern aber rund von Goldrifsigen Lazursteın/im vbrigen alle
auff das künstlichste außgearbeitet waren.

Auff dem Hauptgesimps dises Vorgebeus/so gleichermaffen von
Metall mit vnderschiedlichen gehaimen Darstellungs-Figuren/
auch Siegesbeuthen/vnd dergleichen auff das trefflichiste von halb
erhebter Arbeit geziert war/befande sich in gleichen wie oben/ein nie-
deres Seulengländer/vnd auff selben die Bildnussen der vbrigen
Tugenden. In der Mitte berührter vier an dem Tempel anstehen-
ten Seulen deß Vorgebeus ware der Eingang/vnd zu dessen beeden
Seiten in ihren darzue bereiten hollungen die Bildnussen der Dapffer-
keit/vnd deß Verdiensts/als ohne welche man in diesen Tempel nit
eingehen kan/ein vnd andere deren/wie ingleichen auch alle die vbrige
Bildnussen/Gesimpser/vnd Zierathen/von Metall/vnd Mar-
mel/deren vnverzerliche Wesenheit dan zu erkennen gabe/wie vnend-
lich dieses Gebeu der Ewigkeit zuwehren habe.

Dieses mächtige Werck/nach dem es sich einen grossen Theil gegen der mitte deß Schauplatzes vorwerts herauß/so dan/getragen
von einem dickhen Gewülcke/von höchst daroben auff die Erde herab
begeben/eröffnete dem Gesicht von innen eine hellglantzende Weit-
te deß Himels/allwo die Ewigkeit herauß scheinte/beklaidet mit
weissen Silberstuck volle von den köstlichisten Edelgestein zusamen
gefiegter Steren/deren vber die Armb hangende schuppen aber/
wie auch der von der Achsel fliegende Mantl von grünen köstlichisten
Zeug waren/durch solche Farb darzustellen die Hoffnung deß ienigen
Lohns/welcher die Gemüeter mit liebbrinenden Tugent-Flamen
anfeuret/beede mit guldenen Spitzen verbrämbt/auch mit Zierrä-
then von Gold/vnd Perlen besetzt.

Diese grosse Göttin/so auch sonsten vngesehener vnd mit stumer
Sprach

Sprach die mächtigisten Antrib der Ehren / denen ienigen / so sie verstehen wollen / zuezureden pflegt / ware kaum erschinen / da sie von einer Höhe / welche auch das erhebte Gebeu der Neuen Burgg oberstige / Ihre von underschiedlichen Instrumenten beglaidte Stim mit volgendem hellringent erschallen liesse

Die Ewigkeit. Hale inn' der Waffen Hitz / hale inn' der Pferde Lauff /
Der Elementen Sereit / das höchste Gschick enthebet /
Vereiniget / nunmehr deß Zornes euch begebet /
Also legt / Himeln ab / die Ewigkeit euch auff.

Was Neptun seltenes hat / was deren Klippen ärch /
Was Margariten Preiß / was Perlen-schätz beselet /
Der Himeln höchste Rath vorlängst hat zuegestellet
In einer Margarit dem Grösten Welt-Monärch.

Dem Grösten Welt-Monärch / dem Ersten Helden Held
Dem Höchste Leopold / entsprossen von dem Stamé /
Deß' ungeendte folg / deß' unersterbner Namen
Deß Adlers Heilig Reich zu herrschen ist erwehlt.

Drumb in dem Inbegriff der Ewigkeit wie mir
Sein- und der seinigen Beseelungs-Geist anlangen /
Ob so Glorwürdigster Vermählung ihr Verlangen /
Ihr Freude / ihre Lust der Welt zustellen für.

Ihr dapffre Kuetzerier folge der Hoche Ehren-Sieg
Von Helden-Tugenden unscheidentlich begleitet :
Die sehet an / mit mir zur Wunderung bereitet /
Die ich so dan von Euch mich Himelwerts verfüg.

Zumalten nun mit disem die Ewigkeit sich widerumen under denen Strallen ihres unermeßlichen Liechts dem Gesicht entzogen / und also vermitls ihres Befelchs die Ursach oder Gelegenheit deß scharffen Ernst-streits auffgehebt gewesen / als haben hierauff / die gesambten Ritter / mit annemblich undereinander vermischter Wendung der Pferde / in schönster Ordnung ieder Truppen / sich rings nach der Umbschranckung deß Lustplatzs erbraitet / mit brinendem verlangen darbey erwartende die Ankunfft auff die Erden deren Großmechtigisten Beseelungs-Geister / oder Genien / welche in dem Tempel der Ewigkeit (dessen Höche 60. die braite aber 48. Werckschuech in sich hielte) mit gemacher Majestätischer Bewegung von oben herab khamen.

Es hatte die Unbegreifflichkeit dises in dem Lufft ankhumenden

G   groß-

grossen Gebeues die Gemüether der Zueschauenden also eingenummen/
daß kein Platz mehr vbrig scheinte zu einig anderer Verwunderung/
in deme vill grössere/ vnd zwar ein Vnendligkeit der Wunderwerckhe
darzustellen/ selbiges auff der Erden angelangt/ vnd nach Verschwin-
dung deß vmbgebenden Gewülckhe/ durch Auffschliessung deren/ mit
deß Hauß Oesterreich Glorwürdigisten Thaten gezierten Metallenen
Porten/ seinen mechtigen Inbegriff eröffnete/ dessen Gewelbung auff
reichestem Azurblau mit vnschätzbahren Edlgesteinen besetzuet/ zwischen denen Seulen von rainesten Diamanten/ vnd deren von Gold
außgearbeiten Fueß-vnd Kopff-stellen/ den wahren Sitz darzaigte
jener Vnüberwindlichisten Beseelungs-Geister/ welche eine so höchst-
ansehentliche Vhrsach/ vnd Freuden-Fest zugleich zubefrolocken/
hierauff von dar sich erhebten/ vnd von vnzahlbarer Hoff-folge be-
glaitet hervorkhamen.

Es führte Selbige mehrallerhöchsigedacht Jhrer Kayserl; Majestät Truckseß Herr Graff Ferdinand Lantieri/ als diß Orehs Dero
Stallmaister/ in einer reichen Beklaidung von weiß Silberstuck mit
eingemengten villfältigen Stickereyen von Gold vnd Edlgestein/ auff
welche weiß ebnermassen auch sein Pferd bedecket/ die Jhme nachfol-
gende zehen Diener aber mit silbernen Tockh/ verbrämbt mit Gold/
angezogen/ vñ von eben dergleichen Kappen mit Federn bedeckt gewest.

Nach disen kamen in eben auch solcher Klaidung sechtzehen Reith-
knecht/ deren iede zween ein Handpferd an Gold vnd silbern Stricken
zwischen ihnen herführten/ belegt mit weissen silberstuckhenen Decken/
darauff mit Gold/ Perlen/ vnd Edlgestein iederseits ein doppelter
Adler/ vnd Kayserliche Cron/ vmbgeben mit vnderschiedlichen
Siegeszeichen/ zierlichist gestickt/ die Ende aber nach kösilichen Zier-
rathen der Perl/ vnd guldenen Franßen/ allerseits mit grossen Quasten
behenckt waren.

So dan folgten zwölff Trombeter/ allezeit vier in einem Glied/
vnd zwischen iedem Glied ein Heerpaucker/ alle in silbernen/ dick mit
Gold verbrämbten Röcken/ welcher gesalt auch ihre mit Federn vmb-
gebene Kappen/ so dan der Trombeten vnd Paucken Fähnle vnd
Schnür/ wie nicht weniger die Pferd-Zeug wahren.
Dan erschienen Herr

Grav Ferdinand Maximilian von Sprin-
tzenstein/
Grav Johan Joachim Schlauata/
Grav Carl Ferdinand von Waldestein/

Grav

Grav Frantz Nicola von Lodron/
Grav Jacob Leßle/
Grav Maximilian von Thunn/

Alle mit hellglantzend klein-geschuepten vnd darauff von Gold ge-
sickten Brustsiucken/ auch weiß Silbersiuckenen mit groß guldenen Spitzen besetzten Schurtzen von der mitte/ vber welche die vill-
fältig zertheilt/ nicht minder als alles andere/ mit Gold/ Perl/ vnd
Edlgesteinen reich bedeckte Hangschueppen/ auch dergleichen weisse
mit grossen Goldenen Spitzen eingeschranckte Midutl von der Achsel
auß/nach einiger Vnderbindung derselben/ vber den Rucken sich hinab
begaben; Wie dan im vbrigen mit eben dergleichen Pracht/ vnd Ge-
schmuck auch ihre Pferd behengt wahren: An dem Armb führte ieder deren einen von gespiegeltem Frauen-Glaß dem Brustsiuck gleich
geschuepten/ vnd mit dicken guldenen Fransen eingefangenen Schild/
in dessen mitte von hocherhebter Gold-Arbeit der Kayserliche Adler
gestickt; Ob dem Helm sahe man einen grossen Puschen/weiß vnd
blaulechter Federn in dem Lufft solcher gestalt spillen/ daß selbige villmehr einen haidern Himel darstelleten/ an welchem die auffgehende
Weisse deß vnder blaulichten Geiwülck herfürscheinenden Tags/ die
annahente Herbeykhumung jener Erleichtisten Sonnen der Glori/
welche Ihre Stallen in der Persohn Ihrer Kayserlichen Majestät
erbraitet/ ankhünde.   Bey iedem deren befunden sich acht Laggeyen/
alle/ der vorbeschribenen Bedienung gleich/ in Silbernen mit Gold
verbrämbten Tockh gekleidet.

Folgend sahe man/zwischen denen beederseits ankhumenden Flügln
der Kayserlichen Leibwacht/ vier vnd zwaintzig Leib-Laggeyen gekleidet gleichermassen in silbernen Tockh mit geschürtzt-zerschnittenen
Hosen/ alles mit Gold verbrambt/ vnd gefuedert/ auch mit gleichen
Kappen/ vnd ihren Federn darauff/ heran treten.

Bald hierauff erschienen auff der Schwelle deß Templs/daselbst
die erste Allervnderthänigiste Ehrerbieth: vnd Naigung der Vmbsie-
henden zuempfangen/ Ihre Kayserliche Majestät Selbsten/
Dero Vnvberwindlichisten aignen Beseelungs-Geist/ oder Genium
vorstellende/in jener aigentlichiste Gestalt/in welcher auch die Vhralten
Jahr-Buecher denen Augen deß Ersten Rom die angebette Majesiät
seiner Ruhemwürdigisten Herrscher als Götter diser Erden iner haben darstellen khünnen. Es waren Selbige beklaidet mit einem auf das
aller reichiste von feinen Gold gesicktem Römischen Brustsiuck/ auff
dessen mitte eine grosse Rosen von vnschätzbahren Diamantrauthen

G 2   auff

auff das prächtigste schimmerent / zwischen anderen herumbstehenden Diamanten vnd Topatzen / auch grossen Perlen / mit kostbaristen schein herauß spillete : Diser Leibstuck zertheilte sich sodan von denen Lenden auß in hangende lange von eben dergleichen Arbeit mit grossen Stein / vnd Perlen besetzte doppelte Schueppenfall / vber den / von weissen mit goldenen Blumen eingetragnen Silberstuck / herabhangenden / vnd mit sonderbahristen guldenen Spitzen verbrämten Schurtz / dessen / wie auch deß gantzen Klaides Kostbarkeit das ansehen gabe / als ob sich die grösten Schätz der Edlgesteinen in dises Silber-Meer erbraitet hetten : Von eben dergleichen kleineren Hangschueppen wurden auch die silbernen mit gleichem Spitz geendete kurtze Ermel vmbgeben / vnder welchen die allerfeineste / auch durchgehend mit Kunst der Nadl gezierte weite Vnder-Ermel herabfuhlen.

Auff dem Haubt führten Ihr Majestät von aller kostbaresten Edlgesteinen das Reichs-Kleinod / vnd Kayserliche Cron / vber welchen ein auff das khünstlichiste zusamben gefüegter hochansehentlicher grosser Puschen von denen seltenesten weissen Straussen vnd Raigerfedern / vndermischet mit etlichen liechtblauen / sich Himelwerts erstreckten / welche glauben machten / das jene Dreygestalti ge Göttin / auß ihren Sternekraiß sich herab begeben / alda vnder disem Feder-Gewilck von denen plitzenden Strahlen der zusamgeordneten vnvergleichlichen Edlgesteinen / mit einem vill annemblicherem Liecht / als jenes der Sonnen ist / hinfüro sich zu bereichen.

An der Achsel wahre durch hülff zweyer goldenen von Diamanten gestalter Löwenköpffe / ein lang fliegender Mantl angehefft / dessen länge besser hinabwerts künstlich vnderbunden / vnd selbiger gleichermassen von Silberstuck mit eingemengte goldenen Blume / vmb vnd vmb mit dem grösten von Kötlarbeith auff das seltenste geblumbten guldenen Spitzen eingefangen; Dessen Ansehenligkeit dan auch die Majestät selbst vermehrt hette / wan das jenige / was disem Höchsten Monarchen die vollkomenste Natur allbereit gegeben / sich hette khünnen vermehren lassen.

In der Rechten Hand führte Selbiger den in Gold mit gleichmessig schönst- vnd grösten Edlgesteinen bereichten Scepter / vnd an Dero seiten einen Sabel / in silberner / eben wie alles anders mit Diamanten besetzten Schaid / dessen Gefeß den Reichs-Adler darstellete / dardurch in der Warheit zubezeugen / daß selbiger keine mächtigere Würckung habe / als wo er von denen Durchleuchtigisten Oesterreichischen Monarchen beherrschet wird.

Der Fueß ware mit Perl-farben Strumpff / vnd so dan / nach weiß der alt Streitbahren-Helden / vber halb mit einem ebenfals reichist

von

von Stickwerch vnd Steinen besetztem Stiffeleth bedecket / vnd hier-
under von denen mit Stainen auch reichist gezierten Steigbügl bedienet / denen die Sporn an der Arbeit gleichten / wie nicht weniger auch
sowoll an Vortreffligkeit der vnbeschreiblichen Klenodien / als andern
Zierathen / das Gold-gestickte Gezeug Dero Pferds vollkhumentlich
einstimmete; Welches dan / ob es schon dunckel von Haren / gleichwoh-
len von dem hochen Glück Jhre Majestät bey so ansehenlichisten Freu-
denfest zubedienen / an Klarheit dapfferen Muths allen anderen be-
vorgienge; Es ware selbiges Adelichist von Ansehen / ringfertig von
Leib / schön von Rucken / kurtz von Kopff / vnd lebhafft von Augen / lauter Annembligkeit in denen Bewegungen / vnd lauter Geist in denen
Sprüngen / also belieblich / wend- vnd gehorsamb / daß / in deme es ohne diß den Nahmen der Hoffnung / oder Speranza führet / selbiges
leichtlich allen andren die Hoffnung benimbt / Jhme so wenig in der
Schönheit / als in der Vollkhumenheit sich gleich zu rechnen; Auff
dem Kopff truge es ein Anzahl weiß / vnd Himelblaue Federn / vnder
denen ob deß Stirns ein von Edlgestein helleichtendes Kleinod schim-
merte / welches vnder disen darüber schwebenden Himmels Farben
zweifflen machte / ob es nit der jenige Stern wehre / der Morgens vor
Auffgang der Sonnen den Tag anzuführen pfleget. Das Mundstuck war von Gold / nicht minder als alles anders / mit kostbahristen
Stainen gebildet / wie in gleichen auch der Zaum / vnd der kösliche Zeug
mit welchem selbiges vber den Rucken bedeckt ware / auff deme das
schönste Goldstückwerck iederseits eine Kayserliche Cron erhebte / so
dan sich in die künstilichisten Gold / vnd Silberne / mit Perl vnd Edlgestein gezierte Quasten / Maschen / vnd dergleichen zertheilte.

Solcher massen nun khame diser Höchste Monarch an / in einer
gestalt / an Dero man nichts als Gnaden vnd zugleich Majestät erse-
hen khunde; Er wendete keinen Blick deß Auges / welcher nicht Hertz
vnd Naigung eines ieden gewanne / auch keine Bewegung deß Leibs /
welche nicht alsobald mit innerlichisten Zueruffen aller Anwesenden
frolocklich erhebt wahre.

Neben Dero Allergnedigisten Persohn gienge zu Fueß Dero
Kayserliche Hoff-Bereiter / neben einem anderen / beede mit einstimen-
der Bekaidung angethan / wie auch Vier vnd zwainzig Edlknaben
der vornembsten Geschlechte / deren sich Europa zurühmen hat / alle in
weissen Silberstuck / verbrambt wie auch gefüedert mit Gold / deren
ieder auff einer zierlichist zugerichten Kappen einen grossen Puschen
von weiß vnd blauen Federn / dan in der Rechten Hand einen silbernen
langen Pfeil / vnd an dem Lincken Armb einen liechtglantzenden
Schildt / denen ienigen / so die vorbenandte Cavalier hatten / nicht vill
vngleich / führte.   H   Dise

Dise Ordnung beflügleten beederseits Sechzig Trabanten/beklaidet mit silbernen Tockh/ vnd goldenen Gepräme/ auch hin vnd wider Buschenweiß sich herauß braitendem guldenem Vnderfueder/ wie nit weniger mit ihren Kappen/ vnd Federn/ alles auff Schweizerische Arth; im vbrigé nach form ihres sonst gewöhnlichen Gewehrs/liechtglanzende vbersilberte Kurtzewehren auff der Achsel tragent; denen dan iederseits zu ihrer Anlaitung einer ihrer Befelchshaber/ so inglei= chem Zeug vnd Farbe/ doch zu einigem Vnderschied,deren vndergebe= nen/ dem formb nach etwas statlicher geklaidet ware/vorgetreten.

In eben dergleichen weis der Klaidung als Jhr.Kayserl:Majestät anhaten/ folgten auch hernach sovil Beseelungs=Geister oder Genien der Oesterreichischen Kayser/ vnd zwar folgender Ordnung.

Grav Ferdinand Emerich von Kollonitsch/
Herr Carl Herr von Scherffenberg/
Grav Frantz Augustin von Waldstein/
Grav Sigmund.Helfrid von Dietrichstein/
Grav Frantz Carl Cauriani/
Marggraff Ott Heinrich von Coretto vnd
 Grana/
Grav Frantz Christoph Khevenhiller /
Grav Maximilian Ludwig Preiner/
Grav Michel Wentzl Frantz von Altham/
Grav Ferdinand Bonaventura von
 Harrach/
Grav Frantz Vlrich Kynßky/
Grav Christoph Johan von Altham.

Alle auch der Röm:Kayser= lichen Maje= stät Camerer.

Deren ieder von Acht/ auff weis wie die vorigen beklaideten Lag= geyen nebenher bedient wurde.

Auff dise sahe man hernach komen einen vberauß künstlich/ vnd solcher gestalt prächtigen Wagen/ daß auch Rom sich nicht rühmen kan/dergleichen zu Einlaithung Dero Hochmüetig Sieg=prangender Vberwinder iemahlen gesehen zu haben. Es scheinete derselbig nicht anderst/als ein mit fleiß vereinte Beleichtung deß Golds/vnd plitzen= der Strahlen der Edlgestein/ mit dem allerschönsten Azurblau ge= ziert/ mit Silber auch vndermischten blaulichten Atlaß abgetheilt/ vnd mit künstlichsten Gestücke erhebt/ in vbrigen auch sowol durch

Selten=

Carro della Gloria per il seguito di Sua M.stà Ces.

Joh. Philip. Swisor
Vindices inv. Fig. X X. n: 4. Mic
Printers under Sua C.M.tà.

Seltenheit dessen Gestaltung / als Kunste der Arbeith / Vnderschied
der eingehauten Figuren / Reichheit der Zier / also dargestelt / vnd mit
einem Wort mit solcher Ordnung vmbgeben / daß man billich Selbi=
gem vor allen andren Schau=gerüsten den ersten Preiß zu aignen solle.

Diser Wagen wurde gezogen von acht schneeweissen Härmelinen /
oder gantz weissen Pferden / deren in ieder Rheyen vier zusamen gespaňet
waren / bedeckt mit schönsten Zeugen von Silberstuck / auch dergleichen
Quasten / vnd Enden / alles mit Gold / Perl / auch eingetheilten Edlge=
steinen gestickt vnd vnderschieden / im vbrigen auff denen Köpffen mit
groß erhebten Federbuschen bekrönet; deren hoffärtig=s herein traben /
schüttlen der Menne / vnd eifferendes Geschrey zuversehen geben wol=
te / was massen sie von der Sonnen=Pferde den Vorzug nit ohne recht
abforderten / als die ein vnbeständiges Liecht / welches kaumb auffgan=
gen / gleich wider seinen Zuruckfall nehmen muß / sie hingegen ein Liecht /
welches in Menschlicher Vernunfft niemahls vndergehet / nemblich
den vnveränderlichen Ehren=Ruhm vnd Glori führten / die dan
auff hochgebauetem Thron ermelten Wagens sitzend / auch ohne
Benennung / bloß auß deme das sie denen Oesterreichischen Mo=
närchen vnentscheidlich nachfolgte / alsobalden vor selbige zu erkennen
war.   Ihr Klaid ware Nackerfarb Atlaß / von guldenen Schnür=
len / Edlsteinen / vnd Perlen durch vnd durch vberstickt / sambt weiß ge=
blumbten Ermeln / vnd Rockh / beeden auff das scheinbareste auß ge=
arbeitet; Ihre Beglaitung aber / der Rheyen der Helden=Tugenden /
welche / als aigenthumliche / vnd angeborne Gaben dises Glorwir=
digisten Ertz=Hauses / Ihre Hochzeit zugleich mit der Herrligkeit Ih=
rer Klaider / so alle von Gold in Silber gemengten / vnd mit Edlge=
stein auff das köstlichiste vndertheilten Zeugen waren / vor Augen stel=
ten.   Im vbrigen vmbgaben den Wagen zu Fueß vier vnd zwainzig
Laggeyen / eben solcher Klaidung wie die vorigen.

So dan folgten Vier der dapffersten Pferde / vnd Springer auff
das Edleste geziert / welche lauter Geist vnd Stärcke in sich schliessen=
de / Ihre Freud / disem vnbeschreiblichem Fest beyzuwohnen / mit denen
künstlichisten Sprüngen vnder Kunsterfahrner Hand vnd Zaumb so
vil berhuemtester Bereither instándig dartheten / allermassen dan dise
nicht weniger auff das sichtbareste mit Gold=gestickten Brustsiucken /
vnd anhangenden künstlich zerschnittenen Valten / dan Silbernen mit
Gold gebrämten Schurtzen / vnd dergleichen Ermeln / neben denen
zierlichen Federn auff dem Kopff / beklaidet / vnd zugleich ieder von
vier Persohnen zu Fueß bedienet waren.

Mit disem alleransehentlichisten Auffzug der in mehr dan drey=
hundert / allen in Silber vnd Gold / mit auch dergleichen Sticke=

reyen/ neben Versetzung der Edlgestain beklaideten Persohnen besun-
de/ ritten Jhre Kayserliche Majestät zwischen denen vnderthänigisten Waffen-naigungen aller der Streitbahren Ritter (welche in schönster Ordnung herumbhaltende/ diser Majestätischen Er-
scheinung gleichsamb eine Cron machten) vber den gantzen Schauplatz
hinauff/ vnd anderer seits widerumb herab; nach verrichten disem
Vmbschweiff aber verfügten Sie sich durch die mitte gantz hinfür
zu Anfang gedachten Platzes/ gerath in das Gesicht Dero
Allerdurchleuchtigisten Brauth; Allwo gleich hinter Al-
lerhöchstberührt Jhrer Majestät auch die Glori/ oder Ehren-Rhuem
Jhre von Deroselben vnentscheidliche Gegenwart zusambt dem Wagen gestellet/ vnd so dan vermitels Annembligkheit ihrer heil-dringen-
ten Stimme/ die Ohren der Vmbstehenden an sich gezogen/ mit vnge-
sehr folgendem Inhalt

Die Glori oder Ehren-Ruhem.	Wie eitel/ ach! wancken Der Ehre Gedancken Wo Tugent nit ist/ All Prachte verschwinden Zugleich mit den Winden/ Die niemall vergwist.

Welches eben auch der völlig zusamben stimende Rheyen der Helden
Tugenden fortsetzte

Rheyen der Tu-genden.	Bettriegalich thr Strallen Vnd Rhuemes erhallen Gleich Blitze verschwinde; Der Tugenden Ehre Ist niemahlen lehre Auff ewig gegründt.

Worauff die Glori/ gnaueste Nachricht der anlangenten Aller Durchleuchtigisten Genien/ oder Beseelungs-Geister/ wie auch der würdigisten Vrsach solcher Jhrer Ankunfft/ zugeben/ nicht weniger die Ritter deß vorbeygangenen Kampffstreits zugleich zu mit-einstimenter
Befrolockung einzuladen/ allermassen dan nichts billicher/ als daß bey
diser allerhöchst-vnd beglücktesten Vermählung die gesambten Elementen Jhre vor andern vollkhumeniste Freuden zugleich bezeugten/
also fortgefahren

Die Glori. Bey disen Helden Sinnen
          Tugent/ vnd Ehren-Sig den wahren Sitz gewinnen:

Der/

Der/ so den anderen die Fueß-stapffen berete/
Ist iener Gmüethes Geist deß Römischen Monarchen/
Deß' vnbesiegter Dapfferkeit
Von oben vorbehalten/
Den höchsten Preiß der Perlen zuerhalten
Jetzt da deß Reiches Thron

Jhie Khönigklicher Margarit

Deß Himels Theil vnd Gab/ der Cronen Cron
Beschmuckht/ den höchsten Glantz der Welte theillet mit.
Vnd Dise hier sein seines Helden-Namen
Durchleuchtigisten Stamen
Erfolgungs-Sproß/ deß Guldnen Blüß
Auß Himels Vorsehung erkhüste Erben/
Durch deren Sieges Rhuem/ vnd ihrer Feinde Riß
Die Welt deß Jasons Helden Zahl
Von neuem soll erwerben/
Wan Ihnen sambt der Zeiten wahl
Wird ligen ob deß Landes Vatterthum
Vnd der Allein-Beherschungs Rhum.

Darumen dan den Streit mit Freuden endet/
Legt sambt dem Haaß die Waffen ab/
Den vor in Zorn erhitzten Trab
Anietz zu Oesterreichs behebten Freuden wendet/
Befrolocket den Sieg/ der aller Perlen Preiß
All Schönheit Ziehr vnd werth/ den Aufgang ihn' kan gebē
Dort/ wo mit Nidergang die Sonne schliest ihr Reiß/
Vereint hat eben
In einer Margarit/ die durch Vermählungs Band
Dem Grossen Leopold verbunden Hand mit Hand.

Danenhero die Helden-Tugenden erkennet/ daß zu so hochem Freu-
denfeste kein ansehentlichere Erfindung als der Tantz zu Pferd seyn
khünne/ selbigen mit disen Stimen vorsielten.

Ein Theil deß Rheyen.	Heran dan/ vnd lasset Der Waffen bezwingen/ Die Pferde annasset Zu Lustbahren Springen/

Ein anderer Theil deß Rheyen.	Jetzt seitenwerts wendet / Jetzt ringweiß zuhalten/ Jetzt ruckseits euch lendet Den Tantz zugestalten.
Die vbrigen deß Rheyen.	Der Pferden Ernst-schaume Die Freude vorbiege/ Beherrschet die Zaume Im Fried / wie im Kriege.

Denen auch die Glori einstimmig beyfallete/ vnd in dem Sie/ den
Platz zu solchem end frey zulassen/ sich gegen dem Tempel zuruck ver-
fügt/ zu sambt dem Rheyen der Tugenden/ alle Gegent mit disem erschallen machte.

Die Glori vnd Rheyen der Tu- genden.	Zu disen beglücktesten Freuden der Zeiten So Selbste die Himmel begleiten/bereithen Dem Höchsten Monarchen/dem Haubte der Welt/ Gar billich voll Freud auch die Erden erhelle.

Welches alles eine völlige Zusamstimung der klingenden Music be-
schlusse: Vnder welcher Ihre Majestät neben Dero beyfolgenden
zwölff Cavalieren / auch denen Vier Troppen der Elementen mit
gemach-vnd prangendem Schritt/Ihren Platz zu vorhabenden Tantz
zunemen/sich verfügten/vnd vnder einsen vber die 600. Persohnen der
Bedienung zu Fueß mit schöner Ordnung zwischen denen Pferden
herauß / vnd rings nach dem Vmbkraiß deß Schauplatzes sich erhebten.

Hierauff so dan begünte von 24. Trombeten / vnd zway paar
Heerpaucken die erste Arien deß Pferd-Tantzes / mit einer Cor-
renten / welche sambt allen folgenden hierzue gehörigen / Herr
Johann Heinrich Schmeltzer / der Röm: Kayserl: Majest: Cammer
Musicus gemacht/vnd verfasset; Wormit dan zu gestaltung der ersten Figur Ihre Majestät den Eingang machten mit etlichen zierlich
erhebten Corweten / vnd selbige zwar nicht allein mit genauester be-
zwing-vnd anlaithung Dero Pferds/zu denen auch schweristen Zeit-
vnd Fällen der Thon / vnd Music/ als deren Sie von Selbste voll-
khumeneste Wissenschafft vnd Vebung haben/sondern auch mit solcher
Annemligkeit/ daß Sie nicht einmahl sich bewegten ohne gefolgt zu-
sein von neuer Dienstbarkeit/ vnd zugleich Verwunderung der Vmb-
stehenden/welche alle vor Frolockung verzuckt/ die innerlichisten Naigungen der Gemüther/getreueste Weissagungen der Siege / auch vnendliche Wunsch der Glückseligkeiten zu Zinßbarer Vnderthänigkeit
einhellig beytragten.   Worauff

.

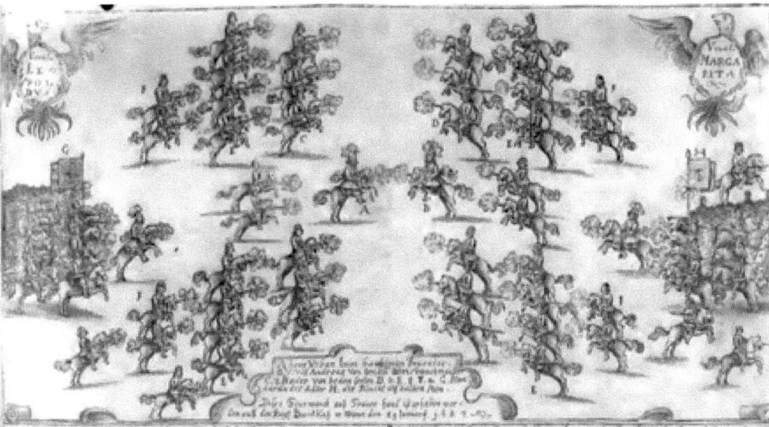

Worauff nach einer / mit der Music einstimmenten Anzahl der
Corweten in etlich gerathen Fortsetzungen auch volten oder Wendungen / Allerhöchst besagt Ihre Majestät den Eingang zugleich mit dem
fall / oder Cadentz der Arien (welche zu Bezeugung sowoll ihrer Underthänigkeit als auch der / aller Orthen erschallenden Freuden / die
Trombeten in still / gleichsamb von weithe mit einem Nachhall wieder-
holten) geendet haben.

Sobald nun dise den völligen Schall wider erhellen lassen / haben von denen zwölff Pferden der Cavalieren (deren achte von der
Annemligkheit der Bügen / oder Corweten / die andern vier aber
von Zwerchwendung in dem Craiß und Radopieren den Rhuen
höchster Vortrefflichkeit hatten) alsobalden vier in Corweten bezint
auch ihren Eingang zumachen / welche sich mit schweren Passaten
immer zue hin und wider flechteten / und / in deme inmitl Ihre Majestät
zwischen ihnen sich etwas fürwärts begaben / Selbige bey Endung
besagter Arien mit einem halben Craiß einschlussen.

Mit eben solcher Kunste / doch underschiedenen Figuren / kamen folgents die andere vier heran / zu welchen nach einig derselben
künstlichisten Repellon / und Wendungen die vorigen beytraten / und
also nach allerhand undereinander-wechßlungen Ihre Majestät / die
entzwischen in der mitte niemallen ohne Würckung waren / mit einem
völlig rundem Craiß umbgaben.

Nach diser dem Gesicht angenemisten Stellung folgte ein anderer Eintrit von denen vier Raddopierenden Pferden / welche nach allerhand Abtheillung dises Craißes / mit underschiedlichen Wendungen
von einer Hand zur andern / auch zwischen denen andern durchschlan-
gent / endlich nach der maß des Thons auf vier Ecken ausser des Craiß-
ses in gleicher weiten von einander hielten.

Die Vier Häubter der Elementen / nach dem Sie inmitls Ihre
Streitbahre Pferd mit andern zur Befrolockung ringeren verwechs-
let / eufferigist verlangente / der Gelegenheit diser Freud-Begebung
beyzutretten / kamen an / auff wider von neu-erhebten Beruff der
Trombeten / ieder mit Dreyen seiner Ritter in zierlichen Gallop · mit
verschiedenen hin und her Werffung der Pferd theils nach Kriegs-
theils Tantz-arth sich zwischen die andere / so inmitls auff der Stell
hälteten / hinein vermengent / von danen sie sich in dem Ring umb die
ihrigen herumb begaben / folgents aber mit zierlichisten Craiß- und
zwerch-wendungen vor und umb Ihro Majestät verfüegt / Deroselben
hiermit ihre beystimende Underthänigkeit darzuthuen ; Als Selbe
nun auß deme / von denen vorigen / gemachten Cirel wider herauß /
und gegen denen ihrigen gelangt / haben sich dise / ieder seinem Haubt

nach

nach begeben/ denen auch die vbrigen von denen Truppen nach vnderschiedlichen vndereinander-flechtungen der Gallopen/ sich beygefügt/
wormit die dritte Figur/alß nemblich iederseits gegen Jhro Majestät
Drey in einem Triangel/ wie ingleichen auch die anderen Sechs auff
eben solche weiß etwas wenig davon/ die samentlichen Ritter der Elementen aber in einer weiten Vierung von aussenherumb sich sehen
lassen.

Mit disem endete der bißhero gehörte Trombeten-schall/welchen
ein vollkumene Zusamstimmung von einer bißhero vnerhörten Anzahl/
nemblich Hundert vnd etlich Geigen neben vier Clarinen/auff beederseits des Platzes hierzu auffgerichten offenen hochen Bühnen mit nit
minderer Ermueth- vnd Belustigung des Gemüets alsobalden vort-
setzte/worzue Jhre Majestät zugleich mit denen Jhrigen sich in Corweten etwas weniges zurück verfüget/vier künstlichisten Springern mehrern Platz zugeben/ welche Jhren Eingang mit vnderschiedenen Paß-
saten/ zweymall Creutzweiß gegen einander komet/ gemacht/ vnd
sich zu denen erstreckten Sprung vnd Straichen/ oder fast besser zu-
sagen/ Flugen/ in solche Höhe erhebt/ dergleichen man nicht bald
auch von denen flüchtigen Hierschen gesehen.

Alß sich dise in ihren erraichten gegen-Ecken zur rast gesellt/
haben die Häubter der vier Troppen sich auff eben selbigen Platz ver-
fügt/ allda eine enge verdoppelte vnder-einander-wechslung zu
machen/ vnder welcher Zeit die Vier Radopirende Pferd mit Jhren
verstelten Wendungen vmb die andere/ so inmitls in Corweten begriffen waren/ herumbspielten.

So dan erhebten sich Jhro Majestät in vnderschiedliche schlangen-weiß gewendte Fortsetzungen/ begleitet von denen andern Ach-
ten/ als inzwischen auch die von denen Elementen mit Gallopieren
ihre Stellung von aussenherumb zu Vier/vnd Vieren/ vnd mit selbiger zugleich die Vierte Figur schussen.

Nach welcher Jhre Majestät zu der Fünfften geschritten/ mit
Repulonen vnd Wendungen in Corweten sich auff das künstlichiste
vnder denen anderen Acht Corwetirenden vndermischend/ welche mit
Jhren vnderschiedlichen Darstellungen in drey nach der lengs vnder-
theilt-gerathe Zeilen beederseits gegen Jhro Majestät sich wendeten/
wie auch alle Pferd der Vier Truppen nach villen Galopirenden vn-
dereinander-flechtungen/ ob-vnd vndenher iederseits eine Rundung/
in mitte zweyer/ in geschranckter Form nebenher stehenden Linien/ an-
deuteten.

Hierauff endete sich der Saitenklang in die vorige Anzahl er-
schallender Trombeten/worbey anfangs die Vier Springer wider an-
khamen/

arte delle Figure del Balletto, Festa à Cauallo Rappresentata nelle Auguste Nozze di Sua Msta Ces.ª Formata dal sig.r Cau.r Alessandro Carducci.

ue van Hoij. S.ª C.ª M. pic.et delin:

Ioan. Ossenbeck.

qura terza nella quale Fanno laloro entrata i faltatori e fimute
Aria.

Figura Sesta nella quale simula Aria.

Figura Nona con nuouo Ingreſſo deſaltatori, e conmutazione
d'Aria.

V. van H. d. I.O.f.

Figura Decima nella quale doppo molti uarie operatzioni dogni
forti di maneggio simula aria.

Figura dodecima nella quale sono intredotti per le ultima uolta i Saltatori;

khamen/worauf Ihre Majestät/vnd neben Deroselben auch die anderen Achte mit ihren gewöhnlichen Corweten/solche Freuden Bewegung vermitls einer schweren verdopelten Trecien / oder Vnderwechs-
lung fortsetzten; Denen es erstlichen die Vier Radopierende/ so dan
auch alle Gallopierenden/ nemblich die gesambte Vier Troppen nach-
thäten/ biß sich iene Zwölff hiermit in eine dopelte Vierung iederseits
vornenher Drey/ vnd von innen Zween darstellende/ rings vmb Ihr
Majestät / die Troppen aber gegen ende der Vmbschranckhung in
einem ablangen Craiß abtheilten.

Nach disem verfügten Sich Ihre Majestät mit etlichen ansehentlichen schnellen Corweten etwas auffwerts/ vnd vor Deroselben her
die vier Radopierenden Pferde/ welche nach etlich zierlichen Craiß-wen-
dungen Ihre Majestät vmbgaben/ worzue dann auch die Vier Häubter der Elementen gelangten/ welche mit denen vorigen einen vollkome-
nen Vmbkraiß machten / in dessen mittel Ihre Majestät Dero Pferd
von einer seite zu der andren/ gleichsamb als ob sie sich auß dem Craiß
herauß zubegeben suechten/ auff das künstlichiste wendeten; Als hingegen iene mit ihren in dem ring herumb verdopelten Wechslungen/
Dieselben vor Freude gleichsamb einzuschliessen suechten / welche aber
Ihre Majestät/ nach etlichen zierlichisten Volten die Zeit fassende/ mit
kurtzer doch schneller Fürwerts-begebung durchbrachen/ nach welchem
Sie von denen Corwetirenden Pferden vmbfangen/ widerumben auff
ihren Orth begleitet/ vnd hiermit vnder verschiedenen Gallopieren/
auch hin vnd her Verfügung aller deren anderen/ die achte Figur ge-
macht worden.

Nach kurtzer rast / welche der Widerhall der klingenden Instrumenten veranlaßte/ hörte man von vorermelter Anzahl der vilfältigen
Geigen eine Allemanden/ auff welche zugleich die Pferd alle samentlich
in einem sacht-vnd Majestätischen Schritt als zum Tantze erhebt/
mit vnderschiedlichen Beiweg-vnd ordentlichisten Verwechslungen/
ein absonderliche Annembligkeit verschiedener Figuren darstelleten/
hiermit selbige den Athem wider erhollen/ vnd in etwas ob ihrer vorge-
henden euferigen Bemühung verschnauffen zulassen.

Worneben die Kayserlichen Edlknaben/ Leibwacht/ vnd Paggeyen
in besser Ordnung sich widerumben von der seiten deß Tempels her-
werts/ in die Beraitschaffte begaben/ Ihre Majestät/ bey dem erfolgen-
den Abzug zubedienen/ allwo sich inmitls die vorige Bedienungen Alle
Troppen-weiß zusamen vereinten : Welche stellung sovil vnderschie-
dener Art/ vnd Farben der kostbaristen Klaidungen hinder einer schönsten Figur/ in welcher die samentlichen Pferde deß Ballets ein Creutze/
vnd die vbrigen an ieder endung desselben eine zierliche Rundung an-
zaigten/

zaigten/ sonderbahre Beliebung in denen Augen/ vnd Gemüethern
der Zusehern verursachte; Worneben vnder einsen inmitls auch die
Vier Springer ihre Winder-würckungen in dem Lufft fortsetzten.

Auff die/ von denen wider erschallenden 24. Trombeten/ vnd
Heerpaucken/ eine augeneme Saraband begint worden/ zu welcher
sich alle zugleich/ vnd zwar ieder vor sich in vnderschied-auch abson-
derliche/ im vbrigen doch auff das statlichist zusamgeordneten Figuren
hervor gethan/ worbey man den gantzen Platz mit einer ordenelichisten
Vnordnung besetzt/ die hellglantzenden Brustsinck allerseits gleich
Plitze schimmern/ die reichest bezierten Hangmäntl in dem Lufft flie-
gen/ die erhebten Federn/ gleich denen Siegprangenden Wellen in
Freuden daher schweben/ auch ein gantzes Meer der kostbaresten Perl
vnd Edlstainen/ neben einem Schatz von Gold vnd Silber in mehr dan
1300. vnderschiedlichen Klaidungen sich darstellen/ mit vnbegreiffli-
cher Verwunderung gesehen; Welches noch vmb sovil ansehentlicher
scheinte/ als folgents ermelte Lust- vnd Kostbarkeiten an deren Be-
sitzern sich in künstlicher Figur erstlich eines von zweyen Rheyen erbrai-
tet/ oder gedopelten Creutzes/ sodan/ nach villen verer dapfferisten ver-
misch- vnd wendungen/ eines in vil Strallen sich enttheillenden Sterens
darstellete/ in deren Mittelpuncten Ihre Majestät/ Dero Pferd inner-
zue in schönsten Corweten auff vnderschiedliche Weise zubeher:schen/
niemahlen rhueten/ deme auch die Anderen Acht Corwetierende mit
gleichmessiger steter übung folgten/ als inmitls die Vier Häubter der
Elementen sich vnder Ihren Truppen/ welche die Zwischen-Strallen
besagten Sterues machten/ hin vnd her durchschlangent/ so dan Ih-
nen/ nach sinreicher Aufflösung diser vorgehabten Stellung/ vermitls
vnderschiedlicher Verwechslungen/ zufolgen/ vnd dardurch zu einer
anderen Figur anlaß gaben.

In deme nun die Zuseher im werckh waren/ dise nit minder/ als
alle vorige Stellungen mit Entzuckung zubetrachten/ haben sich die
Vier Springer gerath vorneher vnder denen Fenstern Ihrer Majestät der Allergnedigisten Kayserin vermitls ihrer verern Capriolen
oder Sprung vnd Straichen bemüehet/ mit sinner Sprache ihrer
erzaigenden Kräfften zuversehen zugeben/ daß die Hitz ihres Eiffers
entzündet von den Flamen der Ehr niemallen abnemen khünne.

Man hette glauben sollen/ daß hiemit dises ansehentiichiste Fest
den Beschluß genumen hette/ als zu widerholter Anfrischung der
Trombeten alle samentlich sich in Fünff Craiß erhebten/ deren Craisen
einer gegen dem andern/ die mitlern zwar mit iedesmalliger Einhal-
tung nach zeit vnd fall der Arien/ die aufferen aber/ als die Truppe
der Elementen mit sietem Gallop sich herumb begaben. Worneben zu

letzte

letzte auch die Springer ihre Darthueingen widerholten. In deme nun die Vier Troppen vnder ihren Häubtern zusamb eilten / haben Ihre Majestät neben Ihren Zwölff anderen vermitls etlicher Corweten / vnd einer kunstlichen Verwechslung sich immerzue besser hinfür / biß endlichen gerath zu Anfang deß Platzes / begeben.

Als nun mit deme der Tantz sich geschlossen / vnd die mit Ihrer Majestät gewesie Cavalier vnder Deroselben in einer gerathen in der mitte etwas abgetheilten Zeilen also gehalten / haben die Vier Häubter der Elementen sich hinbey verfügt / vnd / als eben Ihrer Majestät Pferd die letzte Corweten zusambt der Arien endete / zugleich sich nechst hinder Deroselben / wie nicht weniger auch die samentliche Cavalier der Elementen in ihren abgetheilten Ordnungen nechst der anderen hingesielt / welche so dan die anvor zusamben gerothe Bediente zu Fueß in dreyen Truppen darsiehende beschlossen.

Worauff die helldringende Zusamschallung der samentlichen Anwesenden Trombeten vnd Paucken sich widerumben zu Ankhündung der Zuruck-verfügung allerseits erbraithet; vnd zwar beschahe der Abzug widerumen vnder Anführung / wie vor / deß Herrn Graven Lantieri / deme / auff die Trombeter vnd zwischen-getheilte Heerpaucker / die Sechs Cavalier mit Ihren Schilden / sodan zwischen Dero Leibwacht / auff vorhergehende Laggeyen / vnd neben bey sich befundenden Edlknaben / Ihre Majestät / dan nach Selben ersilich die Vier Häubter der Elementen / hernach die mit Höchstermelte Ihrer Majestät im Ballet begriffen gewesie Zwölff- vnd verer die anderen Cavalier der Elementen / alle Rheyen weiß nach einander her rithen / Welchen / nach denen Vier Springern / die gleichermassen abgetheilte Anzahl der Bedienten zu Fueß in langer Ordnung folgte.

Vnd zwar begabe sich ietzt erzehlter Abzug anfangs dem Tempel zue / sodan von dessen rechter Hand / gleichsamb berueffen von dem vnersätlichen Verlangen der Zuseher / vber die Mitte deß Platz zuruck auff die andere seiten hinauff / daselbst vnder dem Fenster der Kayserlichen Brauth vorbey / vnd sodan wider schlangen-weiß / wie vor / vber zwerch deß Platzes zu dem Tempel / allda vnder heuffigisten erschallen aller Trombeten vnd Paucken / Ihro Majestät zwischen Dero beederseits hervorhaltenden Hoff-Folge Sich hinein verfügten / mit Nachfolgung der Cavalieren / vnd absonderlich deß allgemainen Freud- vnd Beglückungs-Zuerueff / als welcher einhellig bezeugte / daß dises Glorwürdigiste Kayserliche Beyläger mit Prächtig- vnd Ansehentlicherem Feste nicht hette khünen begangen werden / vnd dises sowoll an Kosibarkeit vnd Anzahl der Klaidungen / als gleichmessiger Anschligkeit der vnbegreifflichen Schau-gerüste vnd andern Be-

rait-

raitschafften/ wie nicht weniger auch an Kunste vnd Annembligkeit/ sowoll der Singenten / als Dero zuegestimbten = vnd auch in denen Balleten ansonderlich gehörten Music/ welche sich in Stimen vnd Jn= strumenten vber die 200. maistens lauter Kayserl: Music = Bedien= te/ neben etlich wenigen von anderen diser Statt Capellen/ erstrecke= te/ vornemblich aber in Erwegung der Hochheit deren/ so zu Darstel= lung dises Feste mit=beykhamen/ wie dan auch der erfahrnesten Dapf= ferkeit / sovil vornembster Cavaliern; Also daß ich billich mit deme beschiesse/ daß bey solcher Kostbarkeit / Anstalt/ vnd Erfolge/ nichts ermanglet habe / noch ermangle/ als ein Feder/ die fähig were alles di= ses nach Würdigkeit zubeschreiben/ dessen gegenwertig kaum
ein Schatten hat angezaigt werden
khünen.

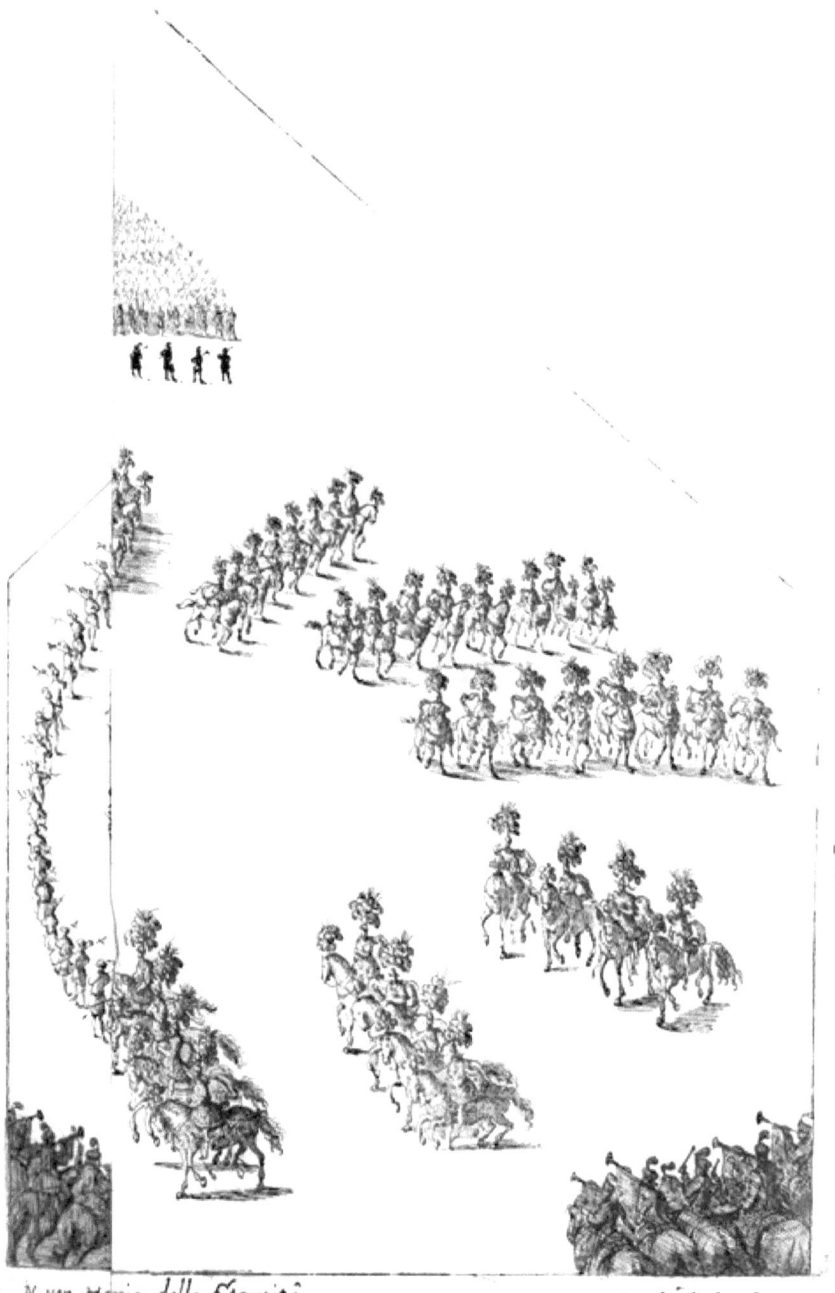

N. van Hopio delle Eternità .   I. Ossenbeek fe :

Entrata di S.A.S. seguita da Capi, Soldati, Cavalieri, et accompagnatori delle Feste nel Tempo della Entrata

*foldout/map
not digitized*

MARGARITA,

INFANS HISPANIÆ, FILIA PHILIP-
PI IV. Hispaniarum Regis Ca-
tholici secundo geni-
ta.

L. M. Richter del.   I. M. Lerch sc.

Diß ist der hohe Wert, gesucht aus ganzer Welt,
Nachdem eins Kaysers Aug sich dunckt, es ihm gefällt,
zu nemen in sein Huet, und setzen neben sich
in seinen Kaysers thron, und herrschte freibewerlich.

ALÆ
VOTORUM AUSTRIACORUM.

Oder/

Vorstellung der Oesterreichischen Hertzens-Flügeln.

Mit wellichen die Allergroßmächtigste vnd Vnüberwindlichste Kayserliche Majeſtät/

LEOPOLDI

Deß Erſten Römiſchen Kaysers/

auch zu Hungarn vnd Böhaimb Königs/ErtzHertzogens zu Oeſterreich/ etc. Bey erwünſchter GegenAnkunfft Dero Kayſerlichen Geſponß/

MARGARITÆ

Geborner Königlichen Infantin auß Hiſpania/

Sich mächstigst/ vnd auff das geprächtigiſte zu belichteſten Empfang entgegen geſchwungen/vnd mit aller Welt vnbeſchreiblichen Frewden-Zuruoff/ den 5. Decembris zwiſchen 11. vnd 12. Vhr MittagsStunden im 1666. Jahr vor dero Kayſerlichen ReſidenzStatt Wienn bewillkommet hat.

Alles in kurtzem Begriff mit einem bedeutlichen Kupfferblat wolmeinent erkläret vnd vorgebildet.

Cum Gratia & Privilegio Sac: Cæſ: Majeſt:

Gedruckt zu Wienn in Oeſterreich/ bey Johann Jacob Kürner/
In Verlegung Johann Pautſchen zu Augſpurg.

Ach dem Ihr Majeſtät die Kayſerliche Braut denen hohen Bergen
der J: Oe: Landen den Rucken gewendet / vnd dem N: Oe: ebenen fruchtbaren Boden mit dero lang gewünſchten hoch erfreulichen Gegenwart beglücket / haben Ihr
Römiſch Kayſerliche Majeſtät Vnſer Allergnädigſter Herr / den fünfften Tag diſes
Monats Decembris zu den Empfang vnd Einzug gnädigſt benennet; Dannenhero
auch dero Herrn Geheimben Raths / vnd Obriſten Hoffmaiſters / Herrn Euſebii
Wenceſlai, Herzogen zu Sagan / vnnd Fürſtens von Lobkowitz / etc. Fürſtlichen
Gnaden anbefohlen / die ſolenniren / vnd was zu diſes Hochzeitlichen Feſts Herr-
lichkeit vnd Kayſerlichen Pracht vonnöthen / beſtens einzurichten vnd anzuordnen; zu
welchem Ende dann ehe hochgedachte Ihr Fürſt: Gnaden ſolches nit allein gleich in reiff: vnd ſatiſame Erwägung
gezogen / ſondern auch vnverlängt bey allen gehörigen Stöllen / ſowol wegen Auffzug / vnd Poſtierung der Solda-
teſca, vnd Bürgerſchaift / als auch Salve- vnd Freuden Schüſſen auß groſſen Stücken / vnd Verſicherung der
Gaſſen / wodurch der Einzug ſolte beſchehen / durch vnderſchidliche Decreta, alle nothwendige guete Vorſehung
gethan / damit Ihrer Majeſtät höchſte Authorität obſerviert, dero Sicherheit in dem Einzug verſchäfftet / vnd
hingegen alle zufällige Confuſiones verhütter bleiben möchten / darauff alsdann der Tag / nemblich der fünffte
Decembris zu dem angeſtelten Empfang / vnd Einzug / vngehindert deß trüben Himmels / vnd etlich Tag vorhero continuierten Regenwetters / denen gehörigen Stöllen / vnd ganzer Hoffſtatt ein Tag zuvor intimiert worden.   So bald nun diſe gnädigſte Kayſerliche Reſolution ergangen / haben alle Menſchliche Herzen das
groſſe Himmelsliecht / die Sonn / zu diſem groſſen Kayſerlichen Hochzeit Tag eingeladen / welche auch mehr als
gern / vnd zwar mit dem heilglanzenden / vnd ſtrahlenten Goldſtück ihrer Sommerlichen Klarheit prächtig angethan
erſchinen / vnd kaum daß dieſelbe die hohen Gipffel der Bergen überſtigen / vnd die ſchöne Morgenröthe als einem
Vorten ihrer vnfehlbaren Hernachkunfft voran geſchicket / waren ſchon alle Straſſen vnd Weeg von denen zu
dem benenten Felde deß Empfangs Drey Muſquieten Schüß auſſer der Vorſtatt / vnd Landſtraſſen im march be-
griffenen Völckern / vnd anderen vnzahlbaren zuelauff: reittend vnd fahrendten Perſonen / geſteckt angefüllet / wie
dann auff beſagtem Platz / auch ſchon Ihr Excell. Herr Ernſt Graff von Abensperg / vnd Traun / der R.K.M.Ge-
heimer Rath / Cammerer / vnd Landemarſchall / auch General Feld- vnd Hanzeugmaiſter / mit ſambt dem Kayſerlichen HoffQuartiermaiſter / das Feld zu recognoſcieren / ſich eingefunden / vnd / weiln ſolches gleich in der mitte durch einen Zwerchweeg vnderſchynden / den halben Theil / vnd zwar die lincke Hande zur Stöllung der geſambten
Hungariſchen Cavalleri aſſignierte, vnd darauff dieſelbe von Ihr Excell. Herrn Ferenz, Graffen Nadaſti, der
Röm: Kayſ: Majeſtät geheimben Rath / Cammereren / vnd Judice Curiæ im Königreich Hungarn / ſo in kurzen
nachgefolget / dahin in ein ſchöne Ordnung / vnnd ſehr lange fronte: Die Teutſche Völcker aber zur Rechten
neben dem Kayſ: Zelt / vnd zwar die Acht Landſchaffts Compagnien durch Herrn Chriſtorh Ferdinand von Fern-
berg N: Oe: General Land Obriſtleutenamen: ingleichen die Compagnien der Burgerſchafft / vnd Statt Raths /
auch der Befreyten / Kayſerlichen Hofthandelsleuthen / vnnd Niderlag von Herrn Johann Kuniberten von
Wenzelsberg / Kayſerlichen Rath / vnd HoffQuartiermaiſter in gleich ſchöne Ordnung vnd fronte / wie das
numerierte Kupffer mit mehreren auſweiſet / geſtellet worden.   Nach dem nun Ihr Kayſerliche Majeſtät
zwiſchen Ailff vnd Zwölff Vhr Mittags auff obberührten Feld angelanget / vnd biß zu Ihrer Majeſtät dero Kayſerlichen Geſpons Ankunfft ſich durch den daſelbſt auffgeſchlagenen köſtlichen Türckiſchen Zelt in dero nechſt daran
auff Angebung Ihrer Kayſerlichen Majeſtät Cammerers / vnd Vice-Statthalters / Herrn Sixti, Graffens von
Trauſohn / auffgerichte ſchöne: maiſtens in lauter Feuſter vnd Glaß beſchencte: innwendig mit ſchönen von Gold /
vnd Silber geſtückten Tappezereyen ganz auſſvallierte Gemach / deſſen Boden mit koſtbaren Indianiſchen / Sei-
denen Teppichen beleat war / begeben / ſeyndt Ihr Majeſtät die Kayſerliche Braut zwiſchen Zwey vnd Drey Vh-
ren auch allda angelanget / allwo ſie von Ihrer Kayſerlichen Majeſtät bey dem Wagen ganz freudig vnnd freund-
lichſt empfangen / vnd durch den Zelt in das erſerwehnte Zimmer begleittet / vnd zugleich auch alſobalden die ge-
genwertige Fürſten / hochvnd vornemme Kayſerliche Miniſtri, vnd Cammerern / zu dem Handekuß allergnädi-
giſt admittiert worden / darauff der Kayſerliche HoffQuartiermaiſter die Hungariſche Cavalleria gleich neben
dem Zelt in gehöriger Ordnung auff: vnnd vorüber geführt / welchem prächtigen / ſehr rären / vnd vorhero nie
geſehenen Zug ſowol der Avanguardi Corpo, als Retroguardi diſer Cavalleria, ingleichen dero Kayſerlicher
Hoffſtatt / vnd Handtpferden / auch aller anweſenden Fürſten / geheimben Räthen / vnd vornemmen Standts-

A   Per-

Perſonen / compoſen Auffzug Ihrer Majeſtäten / der Kayſer vnd Kayſerin auß dem Cabinet zugeſehen / alsdann Ihr Majeſtät der Kayſer auff ein ſchönes Spaniſches Pferdt / deſſen Sattl vnd Gezeug von Gold geſtickt / vnd überauß reich mit Diamanten verſetzet / auff: vnd Ihr Majeſtät die Kayſerin in ihre mit Gold hoch / vnd reich geſtückte Carozen / ſo mit ſechs ſchönſten Hermelinen: mit köſtlichen Gezeug von eben ſolchem hohen Geſtückwerck vnd groſſen guldenen Quaſten belegt: vnd behengten Pferdten beſpannet war / eingeſeſſen / vnd ſodann dem nachgeſetzten Zug / deßgleichen auch die Hoff-Damas in ihrer Ordnung gefolget.   Diſes Kayſerlichen Einzugs koſtbaren Pracht vnd Herzlichkeit aber / ſeiner Würde nach / zu entwerffen / wurden nicht allein die Wort ermanglen / ſondern man wurde auch nit wiſſen / ob man ſolte anfangen bey den Hungariſchen Cavalleria, dero mit den ſchönſten Zobeln geſütterte / vnd mit Diamanten reich beſetzte Röck / die mit köſtlichen Edelgeſteinen gezierte Sättel / Gezeug / vnd mit Golde hoch erhöbte Schabracken / die auff Arabiſche Art vnd Manier mit Raigerpuſchen / mit ſchönen von Silber vnd Gold beſchlagenen Rondaſchen / geſtückten Köchern / Bögen vnd Pfeilen / auch mit koſtbaren mit Edelgeſteinen verſetzten Puſicanen gezierte Pferdt / das frembde Geſchall der Hungariſch: vnd Türckſchen Trompeten / Paucken / vnd Schalmeyen / die mit Tiger: vnd Leopart-Häuten vmbhengte ſtreitbare Helden / die anſehnliche Compagnien mit ihren Copien, vnd daran hangenden Flammen-weiß vergulten Fähnlein von roth: vnd blau: auch roth: blau: vnd gelben Daffet / durch deren artige Beweg: in einander wickl: vnd tieffſte Neigung der Zephyrus, gleichſam die groſſen Monarchen zugrüſſen ſchine: Oder ob man ſolte anfangen / bey der Compagnia der allhieſigen geringern wolgezierten Bürgerſchafft / bey der Compagnia der vereinigten befreyten Kayſerlichen Hoffhandelsleuthen / vnd Niderlag / dero Kleydung durchgehents mit Gold vnd Silber ſchammeriert / auch die übrige Zier von Handtpferden / vnd Sammeten: mit Gold poſamentierten Decken / vnd Gezeug ganz herrlich war: Bey der Compagnia deß hieſigen durch vnd durch mit ſchwarz Sammeten: mit Silbern vnd Guldenen Spitzen ſchammerierten Röcken / guldenen Ketten / vnd weiſſen Federn auff den Hüten gezierten StattRaths: Bey der löbl. Landſchafft Völckern / deren 4. Compagnien alle mit rothen Scharpen / Harniſch / Kaßlet / vnd darauff geſteckten roth vnd weiſſen Federn / vnd die übrige 4. Compagnien durchgehents in rothen mit Silber verporteln Röcken auffgezogen: oder ob man ſolte anfangen bey denen anweſenden Fürſten / geheimbten Räthen / Cammerern / vnd andern vornemmen Standtsperſonen vnd Cavaglieren vnbeſchreiblichen Pracht in Edelgeſteinen / vnd Kleinodien in deren Hürſchnüren / vnd Degen / in geſtückten Kleydungen vnd deren mit Gold vnd Silber reich verporteten Liberren / auch ſtattlichen Hauptpferden / vnd derenſelben köſtlichen Ornat von ſchönen mit Gold geſtickten Sätteln vnd Gezeug: oder bey dem ſo reich vnd köſtlich geſtückten faſt übernatürlich ſchönen Brau-Wagen / Senſſten / Tragſeſſel / vnd köſtlich geſtückten Gezeugen vnd Roßdecken der Gutſchen / vnd andern Spanniſch: Türckiſch: vnd allerley herrlichen Tummel: vnd Handt Pferden: Geſchweige ob man ſolte anfangen zubeſchreiben diſer Welt groſſen Monarchen / nemblichen vnſern Allergnädigſten Römiſchen Kayſer LEOPOLD zu Pferd / vnd deſſen Kayſerliche Brau MARGARITA / in Ihrem ganz geſtickten Wagen / dero Majeſtätiſchen Pracht / Schmuck / vnſchätzliche Kleinodien / vnd mit Diamanten gleichſam angeſäete Kleydung / welches anzufangen eine Vermeſſenheit / vnd nit können vollzihen / ein groſſe Thorheit ſeyn wurde.   Dannenhero diß Orths allein zuerinnern genueg ſeyn wirdt / daß auff diſem Feld nit anderſt geſehen / als wann die vornembſte Theil Europæ ihre Reichthumben / vnd was ſie köſt: künſtlich: vnd ſchönes an Edelgeſteinen / Gold / Silber vnd andern gehabt / zu diſem Kayſerlichen Einzug alldort zuſammen getragen hetten / in deme nichts zuſehen war / als Reichthumb / Schätz/ Glanz vnd Strahlen / welche die Sonn dermaſſen vermehrt / daß allen Zuſchauenden wegen ſo ſtarck bleudenten Sonn-Gold Silber vnd Edelgeſtein Glanzes das köſtlichſte bey dem Einzug zu erwöhlen / hette ſollen ſchwer fallen.

Nachricht/wie bey dem Empfang Ihrer Majeſtät der Kayſerl: Braut / die Kayſerliche Hoffſtatt / vnd Cavalleria im Feld 3. Mußquettenſchüß auſſer der Landtſtraſſen / nach der Stöllung geſtanden.

I.

DEr Römiſch Kayſerlichen Majeſtät Rath / vnd Hoff Quartiermaiſter / Herr Johann Cunibert von Wenzelsberg. 2. Deſſen Adjutanten / Teutſche Rittmaiſter. 3. Der Rittmaiſter Karaczon Peter / mit einer Compagnia Gränitzer Huſſarn von Veſperin / 50. Pferdt ſtarck.
4. Der Rittmaiſter Cruzi Pall / mit einer Compagnia Huſſarn von Papa / ſtarck 50. Pferd. 5. Der Hauptman Jagachitz Peter mit einer Compagnia Raaber Huſſarn / von 60. Pferdt.

Folgen deß Herrn Graffen Paul Eſterhazi 4. Compagnien.

6. Der Rittmaiſter Barza / mit der erſten Compagnia von 145. Mann / mit Copien. 7. Der Rittmaiſter Fabian Koracz / mit der andern Compagnia ſtarck 120. Mann / alle mit Carbinern. 8. Der Rittmaiſter Paul Vörös / mit der dritten Compagnia / von 130. Mann / mit Copien. 9. Ihr Gnaden Herr Paul Graff Eſterhazi / deſſen elteſter Herr Sohn / vnd fünff Magnates / ſambt dem Rittmaiſter Segedi / welcher die Compagnia von 160. Edelleuthen vnd Officiern geführt.

Die

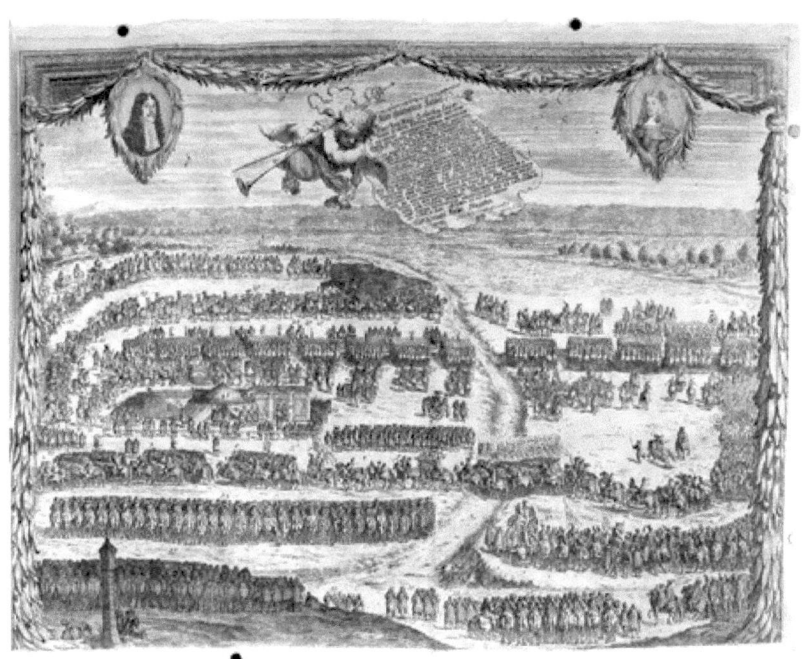

Juten/mit
nit Copien.
Mann / in
öbn / Zwey
il Freyherrn
erhäuten.

Kapſers von

ag vnder der
StateRaths/
1 Dietmans-

ſtät geheimer

t. 20. Ein
Earl / Graſſen
1. Wider ein
maiſter/Herrn

David Ehrn-
quadron Archi-
von Altenſteig /

Officier. 26.
29. Die Kay-
nneter.

Edel Knaben-
ickten Rock / mit
in einem vergul-

kieri. 38. Für-
Herr Euſebius
Rath/ vnd Obri-

Zcheimber Rath/
a: Kayſerk: May:
Herr Frantz Augu-

Ferdinand Fürſt
Kayſ: Edel Kna-
wig Freyhr. von
il / Herr Wilhelm
incke/ Hr. Anto-
graff Pallavicino /

ſambt deren Hoffmaiſter Johann Ehremin/ vnd Præceptor Johann
48. Ihr Fürſtl: Gn. Herr Leopold Wilhelm / Maragraff von Baden/ R: Kayſ:M in:Hätſchier Hauptmann. 49. Die völlige LeibQuardia / der Kayſ: Hätſchier. 50. Die geſtickte Kayſ: Senffte.

51. Der

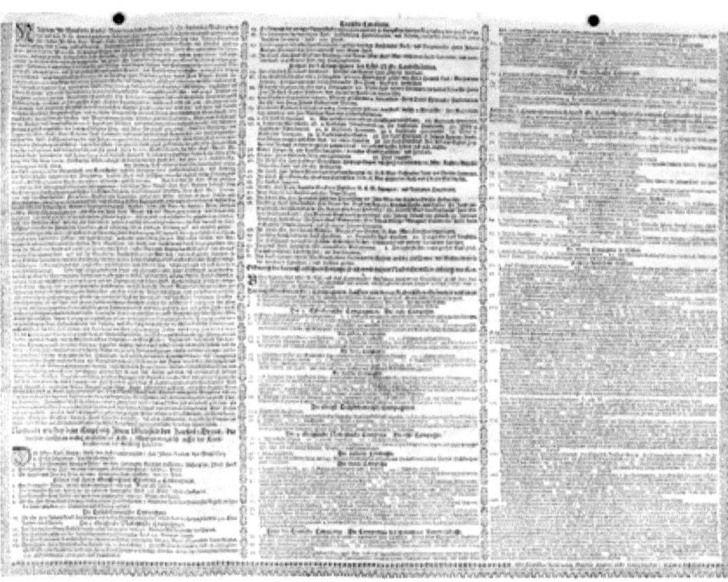

Die Tráschkowizische Compagnia.

10. Ihr Gnaden Herr Johann Graff Traschkowiz/ vnd dessen Hauptmann Camsay Caspar/ sambt der Compagnia von 130. Edelleuthen vnd Officirern.

Die 4. Gräffliche Nadastische Compagnien.

11. Der Rittmaister Georg Ballusti/ mit der ersten Compagnia von 130. Mann in Wolffshäuten/ mit Copien. 12. Der Kisfaludi Laßlo/ mit der Nadastischen andern Compagnia/ starck 145. Mann mit Copien. 13. Der Obrist Leutenant Kisfaludi Pall/ mit der dritten Nadastischen Compagnia/ von 130. Mann/ in Biär: vnd Leopart Häuten. 14. Ihrer Excell. Herrn Ferenz Graffen Nadasti/ etc. zwen Herrn Söhn/ zwey Herrn Graffen Tráschkowiz/ vnd 8. Cavallieri/ alle Graffen vnd Freyherrn/ sambt dem Herrn Mihal Freyherrn Esterhazi/ Obristen/ welcher die Compagnia führte von 150. Hoff Edelleuthen/ in Leopart: vnd Tigerhäuten.

Teutsche Cavalleria.

15. Die Compagnia der geringen Burgerschafft vnter dem Commando deß Herrn Georg Stapfers von Stapfenberg/ von 140. Pferden.

16. Die Compagnia der vereinigten Kayserlichen Hoffbefreyten Handelsleuten/ vnd Niderlag vnder der ich Condotta Herrn Barthlme Triangels/ starck 100. Pferde. 17. Die Compagnia deß allhiesigen StattRaths/ geführt von dem Kayserlichen Rath/ vnd Burgermaister Herrn Johann Georgen Dietmayr von Diermansdorff/ 150. Mann starck.

18. Ihr Excell. Herr Ernst Graff von Abensperg vnd Traun/ Römisch Kayserlicher Majestät geheimer Rath/ Cammerer vnd Landtmarschall/ auch General Feldt: vnd Haußzeugmaister.

Folgen die 8. Compagnien der Löbl: N: Oe: LandtStänden.

19. Herr Christoph Ferdinandt Fernberger/ Obrister/ als General Landt-Obrister Leutenandt. 20. Ein Squadron Cürassier/ von 2. Compagnien/ jede 100. Pferdt starck/ geführt von Herrn Heinrich Carl/ Graffen von Kollonitz/ Obristen Leutenant/ dessen Rittmaister/ Herr Franz/ Graff von Herberstein. 21. Wider ein Squadron Cürassier von 2. Compagnien/ 200. Pferdt starck/ vnterm Commando der beeden Rittmaister/ Herrn Otto Christoph Teufels Freyherrn/ vnd Herr Carl Freyherrns von der Ehr.

22. Eine Squadron Archibusierer von 200. Pferden/ geführt von 2. Rittmaistern/ Herrn David Ehrnreich/ Freyherrn von der Ehr/ vnd Herrn Johann Gerhard von Walrore. 23. Die andere Squadron Archibusierer von 2. Compagnien/ jede 100. Mann starck/ welche 2. Rittmaister/ Herr Maximilian von Altensteig/ vnd Herr Matthias Adam von Höltenstall führeten.

24. 2. Kayserliche Einspänniger. 25. Aller anwesenden vornehmen Herrn Paagen vnd Officir. 26. Kayserliche Trompeter. 27. 2. Kayserliche Sattelknecht. 28. 2. Kayserliche Vnterbereiter. 29. Die Kayserlichen HandtPferdt. 30. Wider 2. Kayserliche Vnterbereiter. 31. 6. Kayserliche Trompeter.

32. 2. Kayserliche Heerpaucker. 33. Wider 6. Kayserliche Trompeter. 34. 6. Kayß. Edel Knaben. 35. Der Kayserl: Edel Knab Herr Johann Ignatius Freyhr. von Rödern/ in einem gestickten Rock/ mit einem Chevatin. 36. Der Kayß: Edel Knab/ Hr. Andreas Sigfrid/ Freyhr. von Neuhauß/ in einem vergulden gantzen Cüraß/ mit roth vnd weissen Federn auff dem Kaßket.

37. Sowol Hungarisch als Teutsche Cavaglieri/ vornehme Standtspersohnen/ vnd Forestieri. 38. Fürsten/ Herrn Geheimbe Räth/ vnd Cammerern. 39. Derer daggegen. 40. Ihr Fürstl: Gn. Herr Eusebius Wenceslaus, Herzog zu Sagan vnd Fürst von Lobkowiz/ etc. Röm: Kayß: May: Geheimber Rath/ vnd Obrister Hoffmaister.

41. Ihr Excell. Herr Johann Maximilian Graff von Lamperg/ etc. Röm: Kayß: May: Geheimber Räth/ vnd Obrister Cammerer. 42. Ihr Excell. Herr Gundacker/ Graff von Dietrichstein/ Röm: Kayserl: May: Geheimber Rath/ vnd Obrister Stallmaister. 43. Die Kayserl: daggegen. 44. Ihr Gn. Herr Franz Augustin/ Graff von Waldstein/ Röm: Kayß: May: Cammerer vnd Trabanten Hauptmann.

45. Ihrer Majestät der Kayserin gestickter Braut Wagen. 46. Ihr Fürstl: Gn. Herr Ferdinand Fürst von Dietrichstein/ etc. Ihrer Majestät der Kayserin Obrister Hoffmaister.. 47. Die übrige Kayß: Edel Knaben/ Herr Scipio Ant. Graff von Arco/ Hr. Stephan Freyhr. von Rovere/ Herr Jacob Ludwig Freyhr. von Windisch Grätz/ Hr. Richard Graff von Herberstein/ Herr Heinrich Graff von Rindsmaul/ Herr Wilhelm Graff von Kinßki/ Herr Sigmund Graff von Schrottenbach/ Hr. Johann Allbrecht von Hünecke/ Hr. Antonius Graff von Herberstein/ Hr. Franz Graff Monteccuoli/ Hr. Johann Sforza/ Marggraff Pallavicino/ sambt deren Hoffmaister Johann Chreinin/ vnd Preceptor/ Johann Seppelin.

48. Ihr Fürstl: Gn. Herr Leopold Wilhelm/ Marggraff von Baden/ R: Kayß: M: my: Härtschier Hauptmann. 49. Die völlige Leib Quardia/ der Kayß: Härtschier. 50. Die gestickte Kayß: Senffte.

B 2

51. Der

51. Der gestickte Kayf: TragSäffel. 52. Der HoffDames/wie auch der Fürsten/ Geheimben Rächen/ Cammerern/ vnd anderer Cavagitern Carozen. 53. Die zu deß Kayf: Zelts Sicherheit commandierte Mußquetierer.

L. Der äusserste Zelt/einem grossen Saal gleich. I. Der andere köstliche Türckische Zelt/als AnteCammera. M. Das Kayf: Cabinet/worin Ihre Majestäten der Kayser vnd die Kayserin/ auch die HoffDames/ vnd Ministri/ die vorüber marchierte Cavalleria/ vnd Hoffstatt gesehen.

Ordnung deß darauff erfolgten Einzugs/ so ich vmb mehrer Nachricht willen anhangen wollen.

I.

Oran Ritte der Röm: Kayf: M: Rath/ vnd Hoff-Quartiermeister/ Herr Johann Cumibert von Wenzelsberg/ so auff Ihrer Kayf. May. Allergnädigsten Befehl den Zug eingerichtet/ vnd geführet/ mit beylauffenden zweyen Laggeyen in blauer Liberey/ deme 5. Herrn Rittmaister/ als Adjudanten/ gefolget.

Darauff Marchirten die 3. Compagnien Hussarn von denen Raberischen Granitzen/vnd zwar

2. H. Rittmaister Karaezon Peter mit der Compag: der Weßprimer Hussarn/ 50. Pferd starck/ alle mit blossen Säbeln in der Hand.

3. H. Rittmaister Cruzi Pall mit der Compag. Hussarn von Pappa/ inglichem 50. Pferd starck/ vnd mit blossen Säbeln.

4. H. Hauptmann Jagachiz Peter mit der Compag: der Raaberischen Hussarn von 60. Pferden mit blossen Säbeln.

Die 4. Esterhazische Compagnien. Die erste Compagn.

5. H. Simon Desrott/ Esterhazischer Commissarius. 6. 3. Edlknaben mit Copien in scharlacken Keze/ auch Silber/ vnd vergulden Flammen.

7. 3. Schön gezierte Handpferd. 8. 2. Schalmeyer in blauer Liberey. 9. 4. Hungarische Trompeter in roter Liberey. 10. H. Rittmaister Barza in roth Scharlachen Keze/ mit Silber/ vnd verguldten Flammen mit der Compag. von 145. Edl-Leuten/ vnd Officieren in leibfarber Liberey/ alle mit Copien/ vnd daran hangenten weiß-vnd blauer Taffeten von Gold vnd Silber flammierten Fähnlein.

Die andere Compagnia.

11. 3. Edl Knaben in roter Liberey/ mit Carbinern. 12. 3. Schöne Handpferd. 13. 2. Schalmeyer in blauer Liberey. 14. 4. Hungarische Trompeter in roter Liberey. 15. H. Rittmaister Fabian Kovizi in roth Scharlachen Keze/ mit Silber vnd vergulden Flammen/ vnd Sternen geziert/ sambt der völligen Compagn. von 120. Edl-Leuten/ vnd Officiern in roter Liberey/ mit Carbinern.

Die dritte Compagnia.

16. 3. Edl Knaben mit Copien in Scharlachen Keze/ geziert mit Silber/ vnd verguldten Flammen.

17. 3. Schöne Handpferd. 18. 2. Schalmeyer in blauer Liberey. 19. 6. Hungarische Trompeter in roter Liberey.

20. H. Rittmaister Paul Vöröß/ in roth Scharlachen Keze/ mit Silber/ vnd vergulden Flammen/ vnd Sternen/ sambt der Compagn. von 130. Edl-Leuten/ vnd Officiern in Leibfarber Liberey/ mit Copien/ auch roth-vnd blauer Taffeten mit Silber/ vnd Gold flammierten Fähnlein.

Die vierdte Compagnia.

21. 3. H. Cavaglier/ mit 3. Türckischen Zidya/ so mit Türckes versezt/ in Scharlachen Keze/ mit Silber/ vnd verguldten Flammen geziert. 22. 12. Köstlich gezierte mit Silbern Huffeissen beschlagene Handpferd/ deren jedes von einem Hayducken in roth/ vnd blauer Liberey zu Fuß geführt worden. 23. 3. Schalmeyer in blauer Liberey. 24. 6. Türckische Trompeter/ sambt dem Heerpaucken/ mit ihren Fahnen vnd Wapp en/in rother Liberey drauff. 25. Ihr Gn. Herr Paul Groff Esterhazi in Goldstuck gekleidet/ vnd mit köstlichen Edlgesteinen gezieret. 26. Dessen ältester Herr Sohn Nicolaus/ in einer Tigerhaut/ neben 5. Herrn Magnaten.

27. H. Rittmaister Segedi mit der Compagn. von 160. vornehmen Edl-Leuten/ vnd Officiern/ alle in Tiger-vnd leopart Häudten auff schönen köstlich gezierten Pferden/ vnd mit blossen Pallasch in der Hand/ welchen 4 Officier in Scharlachen Keze nachfolgten.

Die Gräffl: Träschkowizische Compagnien.

28. 3. Zierlich gekleidte Edl-Leuth. 29. 5. Stadtliche Hand-Pferd mit reichgestickten Zapracken dann mit Silber vnd verguldten auch mit Edelgesteinen versetzen Roßgezeug. 30. 4. Trompeter. 31. 1. Stall-meister. 32. Wider 4. Trompeter. 33. 2. Polnische Schalmeyer. 34. Ihr Gnaden Herr Johann Graff von Träschkowitz/ in schön vnd köstlichen Auffzug. 35. Der Herr Hauptmann Caspar Camfan mit der

Com-

lffshäu
chritten.

ffs Häu

Türck
einer ver
Säbeln
rnen ver
it Men
men reich
Köchern
versehten
auff Ver
in gelben :
paarweiß/
d Jerentz.
Knöpff mit

it Leopart
ickten Za
npagn. 4.
o die Ord

urck-schen :
6. Trom

ver / deren

att Rachs/
ammerer/
nf. Adler/
Scharpen/

pag.

Gold reich
Pestaintz

/ dann der
anf. Adler/
köstlichen
hemaister /

roth : vnd weiß:

olffshäu=
schritten.

ffs-Häu

1. Türcki=
einer ver=
1 Säbeln
rnen ver=
it Men=
nen reich
Köchern
versehen
auff Per=
n gelben:
aarweiß/
d Ferentz.
knöpff mit

it Leopart
ickten Za=
npagn. 4.
o die Ord=

:

rechschen:
6. Trom=

rer / deren

at Raths/
ämmerer/
ns. Adler/
Scharpen/

pag.

Gold reich
Pestaluzi

/ dann der
ns. Adler/
1 köstlichen
hermaister /

62. 4. Stattliche Hand-Pferd / vnder welchen deß Hr. Burgermaisters 3. mit zierlichen roth : vnd weiß: vnd deß Hr. Springers 1. Hand-Pferd mit blau vnd rothen Decken belegt war.

63. 10. Tompeter / sambt dem Heerpaucker in roth : vnd weisser Liberey. Dann

64. Giengen 10. Leibschützen / neben ihnen 2. Laggeyen.

65. 2. Portomonteisführer zu Pferd / in voriger Liberey. Darauff

66. Her

Compagn. von 130. ſeiner Edelleuten/ vnd Bedienen/ alle mit bloſſen Säbeln: Hinter der Compagnia 2. Leutenant.

Die 4. Gräffliche Nadaſtiſche Compagnien. Die erſte Compagn.

36. 4. Mit vergüldten Copien. 37. 3. Zierliche Hand-Pferd. 38. 2. Türckiſche Schalmeyer. 39. Herr Rittmeiſter Ballaſti in einer Tigerhaut/ mit der Compag. von 130. Mann / in Wolffshäuden mit Copien/ vnd daran hangenten roth: blau. vnd gelbſeidenen Jähnlein. Weichen 2. Leutenant nachritten.

Die anderte Compagn.

40. 3. Schöne Hand-Pferdt. 41. H. Kiſſaludi Laßlo mit der Comp. von 145. Mann. in Wolffs-Häuden/ mit Copien von blau Daffeten vergulden Jähnlein. Nach der Compagn. 2. Leutenant.

Die dritte Compagn.

42. 6. Statliche Hand-Pferdt. 43. 6. Hungariſche Trompeter / ſambt 2. Pauckern. 44. 2. Türckiſche Schalmeyer. 45. Herr Obriſt Leutenant Kiſſaludi Pall mit der Compagn. von 130. Mann / mit einer vergulden Standart / alle in Tiger vnd Leopart Häuden / auff köſtlich gezierten Pferden/ vnd mit bloſſen Säbeln in der Hande / nach der Compagn. 2. Leutenant. 46. H. Capitain Amos Georg / mit einem vergüldenen Puſican. 47. 6. Vornehme Herrn von Adl in langen mit Silber beſchlagenen Röcken/ mit Menſchen vnd Steinen von Scharlach geziert. 48. 8. Schöne Hand-Pferde mit köſtlichen/mit Edelgeſteinen reich verſetzten Gezeug / mit geſtickten von Silber vnd Gold beſchlagenen Roundatſchen/ theils mit geſtickten Köchern Pfeilen/ Bogen/ andere mit köſtlichen Puſicanen / alle mit reich geſtickt: auch mit Edelgeſteinen verſetzten Zapracken/ vnd mit Raigerbüſchen auff den Köpfen/ vnder welchen 8. Hand-Pferden 3. waren /ſo auff Perſianiſche Art roth geſärbet. 49. Der Stalmaiſter Georg Hamerle. 50. 6. Teutſche Trompeter in gelben: roth: blau. mit Gold ſchammerierten Röcken. 51. 18. Herren Cavaglieren/Graffen vnd Freyherrn/paarweiß/ in ſehr prächtiger Kleydung. 52. Ihr Excell. Herr Graffens Nadaſti 2. Herren Söhn/ Iſtuan/vnd Ferentz. 53. Die 2. Herren Graffen Träſchkowitz Niclas/vnd Janos/ in ſtatlichen Kleydungen/ deren Knöpff mit Rubin vnd Diamanten verſetzt waren.

54. Herr Eſterhazy Mihal/ Freyherr/ Obriſter/ mit der Compagn. von 150. Edelleuten / alle mit Leopart vnd Tigerhäuden behengt/ auff ſtatlichen Pferden/ ſo mit koſtbaren Gezeugen/ vnd me ſens mit geſtickten Zapracken geziert/ vnd mit bloſſen Säbeln. Nach der Compagn. 2. Leutenant / vnd neben der Compagn. 4. vornehme Officier / Herr Vaſtinedi Sandor/ Landor Peter / Bakay Benedek/ vnd Ezernell Mihal /ſo die Ordnung beobachten.

Folgt die Teutſche Cavalleria. Die Compagnia der geringen Burgerſchafft.

55. 3. Schöne Hand-Pferd / vnder welchen deß Hr. Stayfers 2. mit ſchönen rothen Türckiſchen: vnd deß Herrn Pozenhards 1. Hand-Pferd mit weiß. vnd blumeranfarben Decken belegt waren. 56. 6. Trompeter / ſambt einem Paucker / in roth: vnd weiſſer Liberey hernach.

57. Giengen 6. Leibſchützen / vnd auff der Seiten 2. Laggeyen. 58. 2. Portomantelführer/ deren einer in roth: vnd weiß/ vnd der ander aber in weiß / vnd blumer anfarber Liberey.

59. Der Herr Georg Stayfer von Stayfenberg / Röm: Kayſ: May: Rath/ deß Innern StateRaths/ vnd OberCammerer/ nach ihme der Leutenant H. Pozenhard deß Auſſern Raths/ vnd Statt VnterCammerer/ darauff der Cornet/ Melchior Linck / mit roth: vnd weiſſer Standart/ auff dero einer Seiten der Kayſ. Adler/ vnd auff der andern ein L. geſtickt war/ mit geſambter Compagn. von 130. Mann/ alle in rothen Scharpen/ auch roth: vnd weiſſen Federn auff den Hüten. Nach der Compagn. der Wachtmaiſter Pleimiller.

Der vereinigten Kayſerl. Befreyten Hofthandelsleuthen vnnd Uberlag Compag.

60. 8. Schöne Hand-Pferd / vnder welchen deß Herrn Triongels 3. mit rothſammeten: mit Gold reich verbranten Decken. 2. deß Herrn Partholoti mit allerhand Seidenfarben geſtickten: 2. deß Herrn Peſtaluzi mit triſtemin Sammeten/vnd 1. deß Herrn Enzen mit einer ſchönen koſtbaren Decken belegt waren.

61. Der Rittmaiſter H. Barthime Triangl / nach ihm deſſen Leutenant Hr. Carl Partholoti/ dann der Cornet/ Hr. Stephan Peſtaluzi mit einer weiß Atlaſen Standart / (auff dero einer Seiten der Kayſ. Adler/ auff der andern die Fortuna mit Gold geſtickt ward /) ſambt der Compagn. von 100. Mann/ alle in köſtlichen mit Silber vnd Gold ſchammerierten Kleydungen/ vnd ſchönen Pferden/ nach welchen der Wachtmaiſter/ H. Ludwig Enz folgete.

Deß State Raths Compagn.

62. 4. Statliche Hand-Pferd / vnder welchen deß Hr. Burgermaiſters 3. mit zierlichen roth: vnd weiß: vnd deß Hr. Springers 1. Hand-Pferd mit blau vnd rothen Decken belegt war.

63. 10. Tompeter / ſambt dem Heerpaucker in roth: vnd weiſſer Liberey. Dann

64. Giengen 10. Leibſchützen/ neben ihnen 2. Laggeyen.

65. 2. Portomontelführer zu Pferd/ in voriger Liberey. Darauff

66. Herr Johann Georg Dietmaier von Dietmansdorff/ der Röm. K. M. Rath/ vnd Burgermaister/ nach ihm deſſen Leutenant/ H. Daniel Lazarus Springer/ deß Innern Raths/hernach Herr Tobias Prian / Cornet/ mit einer roth: vnd weiſſer Standart / auff dero einer Seiten der Kayſ. Adler; vnd auff der andern ein L. geſticket war ſampt der völligen Compagn. von 150. Mann/ alle in ſchwartz Sammeten: theils mit Silber vnd Gold ſchammerierten Röcken/ mit vmbgehengten guldenen Ketten/ mit ſtattlichen Pferden/ vnd weiſſen Federn auff den Hüten.

Folgen die 8. Compagn. der Löbl. L7: Oe. LandStänden/ alle vnterm Commando deß Herrn Fernbergers/ deren 4. Compagnen in Curaß/ durchgehend mit rothen Schärpen/ auch roth: vndweiſſen Federn auff den Zaßketen: vnd 4. Compagnien alle in roth: mit Silber reich verbrämten Röcken/ auch roth: vnd waſſen Federn auff denen Hüten/ vnder welchen 8. Compagnien die Officier/ alle in ſchönen mit Silber vnd Gold ſchammerierten Kleydern auffgezogen.

Die erſte Compagnia in Curaß.

67. Herr Johann Angar/ Adjudant.

68. Deß Herrn Graffen Kollonitz HandPferd mit ſchönen Decken.

69. 4. Trompeter / ſambt einem Heerpaucker / in roth mit Silber verbrämter Liberey.

70. H. Heinrich Carl Graff von Kollonitz/ Obriſt Leutenant/ vnd Obriſt Viertl Commiſſarius / in Vnter Manhardsberg/ mit der Compagnia/ dero Leutenant Herr Wentzel Schwartz/ Cornet Herr Carl Geyer/ vnd Wachtmaiſter Herr Andreas Friding von Anſt.

Die anderte Compagnia in Curaß.

71. 2. HandPferd mit zierlichen Decken.

72. 2. Trompeter in roth: mit Silber verbrämter Liberey.

73. Herr Frantz Graff von Herberſtein/ Rittmaiſter / mit der gantzen Compagn. dero Leutenant Herr Auguſtin Zolinger/ Cornet/ Herr Hanß Ruprecht Hägermüller / Freyh. vnd Wachtmaiſter Herr Chriſtoph Lorentz Prandſtätter.

Die dritte Compagnia in Curaß.

74. 2. Wolbedeckte HandPferd.

75. 2. Trompeter in roth: mit Silber verbrämten Liberey.

76. Herr Otto Chriſtoph Teuffel/ Freyhr. Rittmaiſter/ mit der Compagn. dero Leutenant Hr. Johann Witz/ Cornet/ Hr. Johann Ernſt/ von Janeburg/ vnd der Wachtmaiſter.

Die vierdte Compagnia in Curaß.

77. 2. Schöne HandPferd.

78. 2. Trompeter in roth / mit Silber verbrämter Liberey.

79. Herr Rittmaiſter/ Carl von der Ehr / mit der Compagn. dero Leutenant Hr. Johann Rathwolf Cornet Hr. Paul Schiekard / vnd Wachtmaiſter Hr. Georg Schwerdt.

Die erſte Compagnia in roth: mit Silber verbrämtem Röcken.

80. Herr Johann Chriſtoph von Saar/ Adjudant.

81. 2. Fernbergeriſche ſchöne HandPferd mit köſtlichen Decken.

82. 8. Trompeter / ſambt einem Paucker in voriger Liberey.

83. Herr Chriſtoph Ferdinand Fernberger/ Obriſter / als General Land-Obriſt Leutenant/ nach ihme der Rittmaiſter/ Herr David Ehenreich Freyhr. von der Ehr mit der Compagn. dero Leutenant Herr Frantz Weingaart/ Cornet Herr Matthias Ferdinand von Augerechtsberg/ vnd Wachtmaiſter Hr. Elias Zacharias Mattgeri.

Die andere Compagnia in Röcken.

84. 2. HandPferd mit ſchönen Decken.

85. 2. Trompeter in voriger Liberey.

86. Herr Rittmaiſter Johann Gerhard Walroee / Obriſt Viertl Haurtmann/ mit der Compagn. Dero Leutenant H. Georg Heinrich Schönfeld/ Cornet Hr. Joh. May/ vnd der Wachtmaiſter.

Die dritte Compagnia in Röcken.

87. 2. Zierliche HandPferd.

88. 2. Trompeter in voriger Liberey.

89. Herr Rittmaiſter Maximilian von Altenſtaig/ Obriſt Leutenant/ vnd Ober Viertl Haurtman/ mit der Compaan. Dero Leutenant Hr. Hanß Georg Metzger/ Cornet Hr. Hanß Seyfrid/ Edler Herr von Kunitz/ vnd Wachtmaiſter Hr. Hanß Carl Tuldier.

Die vierdte Compagnia in Röcken.

90. 2. Stattliche HandPferd.

91. 2.

91. 2. Trompeter in voriger Liberey.

92. Herr Rittmaister Matthias Adam von Höckenstall/ dessen Leutenant/ Cornet. Hr. Veit Adam von Gepäck Freyherr/ vnd der Wachtmaister.

Folge die Käyserliche Hoffstatt.

93. 2. Kays. Einspäniger in ihrer Kays. Liberey.

94. Aller anwesenden vornehmen Herren Pagen/ vnd Officier in köstlichen Kleydern/ vnd stattlichen mit Silber vnd Gold schammerierten Libereyen.

95. Kays. Trompeter mit silberen Trompeten/ in sammeter Kays. Liberey.

96. 2. Kays. Sattlknecht/ Hanß Woller/ vnd Veit Wentzl Schmeyl in sammeter Liberey.

97. 2. Kays. Vnterbereiter Domenico Pagnioti/ vnd Peter Paul Frost.

98. 32. Kays. HandPferd/ deren 12. mit Rothsammeten: vnd darauff mit Gold hochgestickten Kays: Adler: vnd andere Zierate/ Handdecken belegt: 12. mit akerley Färbigen von Gold vnd Silber gestickten offenen Sätteln/ dergleichen gestickten Gezeug: vnd 8. mit Rothsammeten/ reich von Gold gesticktem Sättein/ auch dergleichen gestickten Mundstucken: von Kayserlichen Reit-Knechten in ihrer Kayserlichen Liberey geführt worden.

99. Wider 2. Kays. Vnderbereiter/ Waleri Mörzi/ vnd Christian Wolff/ mit dem Vbergeher deß Spanischen Hoffmarstalls/ Hansen Nidermair in seiner sammeten Kays. Liberey.

100. 6. Kayserl. Trompeter mit silbern Trompeten.

101. 2. Kays. Heerpaucker mit silbernen Pancken.

102. Wider 6. Kays. Trompeter mit silbern Trompeten/ alle in sammeter Kayserlicher Liberey.

103. 6. Kayserl. Edelknaben/ benantlich Herr Carl Ernst Freyhr. von Welz/ etc. Herr Carl Ernst von Luelburg/ etc. Hr. Christoph Helfrid Freyhr. von Wopping/ etc. Hr. Joseph Maria/ Marggraff von Lucinoy etc. Hr. Gabriel Freyhr. von Mandorff/ etc. Hr. Mary Joseph Freyhr de Lannoy/ etc. Welche einer nach dem andern alle in Kays. Liberey auff Tummel Pferden/ mit von Gold vnd Silber gestickten Sätteln geritten.

104. Ein Kays. Edelknab/ Herr Johannes Ignatius Freyhr. von Rödern in einem reich von Gold gestickten Rock/ mit einem Chevallin auff einem stattlichen Tummel Pferdt.

105. Ein Kays. Edelknab/ Hr. Andreas Sigfrid/ Freyhr. von Neuhauß auff einem schönen Tummel-Pferd in einem verguldten gantzen Cüraß/ mit einem hohen Federbusch von roth vnd weissen Federn auff dem Kaßket.

Folgen die Cavallier/ fürnehme Foresteri/ StandsPersonen/ Geheimbe Räth/ Fürsten/ vnd

die 4. Kayserl. Aempter mit fast vnbeschreiblichen Pracht/ welchen sie in ihren mit Gold hochgestickten Kleydungen/ in Edelgesteinen/ vnd Kleynodien auff den Hüten/ in Knöpfen/ vnd gantz guldenen Degengefässen/ in prächtigen Pferden/ vnd deren köstlich gestickten Sätteln/ vnd Gezeugen/ wie nit weniger in stattlichen mit Gold vnd Silber reich schammerierten Libereyen/ ihrer neben beygeloffenen Laggeyen gezeuget/ vnd zwar.

106. Ritten die Hungarisch: vnd Teutsche Cavaglieri/ fürnehme Stands Personen/ vnd Foresteri. Hernach

107. Die Herrn Cammerern/ Herrn Geheimbe Rath/ vnd anwesente Fürsten.

108. Dann Ihr Fürstl. Gn. Herr Eusebius Wenceslaus/ Hertzog zu Sagan/ vnd Fürst von Lobkowitz/ Rom: Kays: May: Geheimber Rath/ Obrister Hoffmaister vnd Ritter deß guldenen Fluß/ zu Pferd mit einem köstlichen Stab in der Hand.

109. Ihrer Kays: May: 5. Herolden von dem Röm: Reich/ vnd dero Königreichen vnd Länden zu Pferd in ihren gewöhnlichen Goldstucketen Habit mit darein gestickten Kays: Hungarisch: Böhaimbisch: vnd Ertz-Hertzogl: Wappen/ vnd Stäbeln in den Händen. Dann.

110. Ritten Ihr Excell. Hr. Heinrich Wilhelm Graff vnd Herr von Stahrenberg/ R: Kays: May: Geheimber Rath/ Cammerer/ vnd Obrister Hoffmarschall/ etc. mit entdecktem Haupt/ vnd blossen Schwerd in der Hand/ Darauff

111. Folgten Ihr Röm: Kays: May: selbsten in kostbarister Kleydung/ in einem dunckeln mit einem blu-meranfarben Bande vmbbundenen Huet/ vnd einem von kostbaren Diamant darauff gehefften Federstäußl/ welchen also gezierten Huet Ihr Majestät die Kayserl: Gesponß Deroselben bey zu Schottwien geschehenen Beneventierung verehret hatte/ auff einem wunderschönen Spanischen Pferd/ dessen Sattl vnd Gezeug von Diamanten funckelte/ vnd glantzte/ vnder einem gantz Goldstucketen Baldechin/ in welchen jnwendig der Kays. doppelte Adler/ herauß aber Cronen mit denen Buchstaben L. vnd M. von Gold gesticket waren/ disen trugen 8. deß Innern Raths.

112. Ausser deß Baldachins zur Rechten ritten Ihr Excell. Hr. Johann Maximilian Graff von Lamberg/ R: K: M: Geheimber Rath/ Obrister Cammerer/ vnd Ritter deß guldenen Fluß/ zur lincken aber Ihr Excell. Herr Gundacker Graff von Dietrichstain/ R: K: M: geheimber Rath/ Cammerer vnd Obrister Stallmaister.

113. Nach dem Baldachin zur lincken ritten Ihr Gn. Hr. Frantz Graff von Waldstein/ Röm. Kay. May. Cammerer/ vnd Trabanten Hauptman. Hernach

114. Folgeten Ihr Majestät die Kays. Braut in einem Silberstucken/ mit Diamanten überlegten Kleidt in einem Carmisin roth sammeten/ in Europa vorhero fast nie gesehenen/ so schönen/ vnd so wol in: als auswendig so reich gestickten/ mit 6. schönisten Hermelinfarben Pferden bespanten Waagen/ bey dero Ihre Obrißhoffmaisterin/ Ihr Excell. Fraw Gräffin von Erill/ gesessen. Neben dem Waagen zur Rechten ritte dero Obrißt Hoffmaister/ Ihr. Fürstl. Gn. Hr. Ferdinand/ Fürst von Dietrichstein/ etc. Diser 6. Pferden Geschir aber ware dem Waagen gleich gestickt/ vnd hienge jedem Pferd vor dem Kopff 3. von pttem Gold auff die Stickart gemachte Quasten/ welche 3. Quasten für ein Pferd 5. Pfund wägen. Der Leibquetscher/ ingleichen der Vorbereiter waren in roth Sammeten Röcken mit von Gold hochgestickten Gebrämb: vnd die 3. neben den Pferden hergehende Knecht in gantz Goldstückenen Röcken/ auch alle in Barecken/ vnd schön verzwengten Federbüschen auffgezogen. Darauff

115. Ritten die übrige Kays. Edel Knaben benentlich: Herr Scipio Ant. Graff von Arco/ etc. Hr. Stephan Freyhr. von Rövere/ etc. Hr. Jacob Ludwig Freyhr. von Windischgrätz/ etc. Hr. Sichard Graff von Herberstein/ etc. Hr. Heinrich Graff von Rintsmaul/ etc. Hr. Wilhelm Graff von Kuffst/ etc. Hr. Sigmund Graff von Schrottenbach/ etc. Hr. Johann Albrecht von Huneke/ etc. Hr. Antonius Graff von Herberstein/ etc. Hr. Frantz Graff Montecuculi/ etc. H. Johannes Sforza Marggraff Pallavicino/ etc. Sambt deren Hoffmaister Hr. Johann Ehrenuig/ vnd Praeceptor Scheppelin. Hernach 116. Ward die von Gold in: vnd auswendig reich gestickte Kays. Senfften von 2. mit Rothsammeten: biß auff die Erd hangenten gestickten Decken gezierten Maulthieren getragen/ darbey der Senfftenmaister/ vnd Senfften Knecht in Rothsammeten mit Gold verbrämten Röcken auffzogen. Gleich hernach

117. Trugen 4. Kays. Seßlträger in Rothsammeter: mit grossen güldenen Porten verbrämbten Liberey/ den auch in: vnd auswendig mit Gold köstlich gestickten TragSessel. Dann

118. Die Kays. Harischier Trompeter/ vnd Heerpaucker in Kays. Sammeter Liberey. Dann

119. Ihr Fürstl. Gn. Hr. Leopold Wilhelm/ Marggraff von Baaden / R. K. M. Harischier Hauptman/ mit der völligen Guardi der Kayserl. Härtschier in Sammeter Kays. Liberey.

120. Darauff der Hoff Dames/ wie auch der Fürsten/ Geheimen Räthen/ Cammerern/ vnd ander Cavaglier Wägen.

In diser Ordnung nun ward von dem Feld 3. Mußqueten Schuß ausser der Wiennerischen Vorstatt/ vnd Landstrassen solcher prächtiger Kays. Einzug durch das Stubenthor in die Statt bey zu beeden seiten von gedachten Thor an biß an die Kays. Hoff Kirchen der Herren P. P. Augustiner Zeiten auff den Plätzen beym Stock im Eysen/ St. Dorotheebaad / vnd auf dem Graben Squadronreich in Gewöhr gestandener Burgerschafft die Wollzeil hinauff/ alsdann am Eck deß Bischof.Hoffs herumb durch die auff dem Platz beym Stock in Eysen von der allhiesigen Niderlag auffgerichte Triumph oder Ehren Porten über den Graben/ vnd durch die daselbst von der Burgerschafft allhier gebaute zierliche Porten (in welcher ein schöne Music gehalten worden) auff den Kolmarckt/ ingleichen durch die alldort von denen befreyten Kays. Hoffhandelsleuthen auffgesetzte letztere Ehren Porten am Eck St. Michaelis Kirchen zur Lincken herumb vnd die gerade Strassen zu der Kays. Hoff Kirchen der Herrn P. P. Augustiner beschehen/ allwo beede Majestäten abgestigen/ vnd im Namen Ihrer Päbstl. Heiligkeit/ von dero Nuntio/ Don Marchese Spinola/ die Copulations Benediction empfangen/ von dar sie von dero Herren Cammerern/ Foresturn/ Teutsch vnd Hungarischen Herren Standts Personen/ anwesenten Fürsten/ vnd Herrn Geheimben Räthen/ über den Gang durch den grossen Saal in Ihr Retrada hin: vnd vngefehr nach einer Stund wider auff den grossen Saal begleitet worden/ allda seynd neben beyden Kays. Majestäten Ihr May. die Verwittibte Kayserin/ Ihr Durchl. beede Princessinne/ Ihr Emmeny Hr. Cardinal von Harrach/ Ihr Gn. Herr Päbstl. Nuntius/ Ihr Excell. Hr. Spanisch Inglechen Ihr Excell. Herr Venetianischer Bottschaffter zur Taffel gesessen. In wehrentem Einzug seynd 3. Bey der Benediction 1. vnd 2. mahl in wehrenter Taffel rings vmb die Statt auß den Stucken Salve geschossen worden. Zu Wien den 5.

E 17 D E.

PER IL
BALLETTO à CAVALLO,
Nella festa rappresentata
PER LE GLORIOSISSIME NOZZE
DELLE
SS. CC. MM.tà
DI
LEOPOLDO
PRIMO,
IMPERATORE AUGUSTISSIMO,
ET DI
MARGHERITA
INFANTA DI SPAGNA.

Composte
DALL
GIOANNE ENRICO SCHMELZER,
Musico di Camera di S. M. C.

IN VIENNA D'AUSTRIA,
Appresso Matteo Cosmerovio, Stampatore della Corte, l'Anno 1667.

Corrente per l' Intrada di S. M. C. & di tutti i Cavaglieri.
Con Trombe & Timpani.

Giga per Entratà de i Saltatori, e per molte altre figure. Con Viol. & Clarini.

Follia per nuovo ingresso de i Saltatori, & altre operazioni de Cavalli.
Con Trombe & Timpani.

B 2

C 2

RELACION

De los Criados que están nombrados para yr, sirviendo à la Señora
EMPERATRIZ *en su jornada de Alemania; assi los que han de que-*
darse allá, como de los que han de bolver desde las Imperiales en-
tregas de las Reales Casas de Su MAGESTAD: *que aya glorias, y*
de la REYNA *nuestra Señora.*

RELACION

Und Nomina, deren Bediensten so Ihr Mayestet die Römische Kayserin auff der rais aus Spänien in das Teutschlande bedienen: so wol deren die in Teutschlande verbleiben / als der jetzigen welche rest crumb zu ruck kehren.

Capilla.

El Cardenal Colona.
El Padre Iuan del Molino, Confessor.
Don Antonio Manriquez de Guzman, Li-
mosnero Mayor.
D. Baltasar de Loaysa, Capellan de Honor.
D. Iuan Quingles.
D. Fernando de Austria, ayuda de Oratorio.
Geronimo Suarez.

Mayordomo Mayor.
Duque de Alburquerque.

Mayordomos.
Marques de la Guardia.
Marques de Pavar.
D. Diego Mesia Brajero.
D. Iñigo Fernandez del Campo, Secretario de
Estado, para las entregas.
Don Ferdinando Mestria, Oficial Mayor de
Estado.

Secretario.
D. Isidoro de Angulo Velasco.

Oficiales mayores.
Luys de Zevallos, que va por Contador.
D. Pedro de Altura, que ha de servir el Oficio
de Maestre de la Camara, por nombramien-
te de Doña Luysa Ferrer, proprietaria.

Guarda-joyas.
Lucas Cortes Bonifaes, Guarda joyas y Tesore-
ro para quedarse.
D. Gaspar Beltran de Callasas, ayuda.
D. Miguel Antonio de Vayas, moço de oficio.
Domingo de Yrajustabal, Sastre de Camara.
Gaspar de Balbora, moço de oficio sastre.

Guarda Damas.
Don Pedro Coronel, Aposentador y Guarda-
Damas para quedarse.
D. Antonio Bernardez, Guarde Damas.

Criados de Cavalleriza.
D. Diego de Bonifaz, Cavallerizo.
D. Francisco de Lyra.

Pajes.
D. Iosef Manriquez.
D. Francisco de Castro.
D. Nicolas de Santa Cicilia.
D. Iuan Carlos Garcia.
D. Francisco de Valdespino.

Oficiales.
Don Iuan de la Roca, ayuda de los Pajes.
D. Fernando Mateo de las Eras.
Pedro de Retana, Cochero mayor.

Monteros de Camara.
D. Diego de Villafante.
D. Manuel Zorilla.
D. Iuan de Verena.
D. Iuan de la Peña y Porres.
Dos Criados suyos.

Medico Cirujano y Sangrador.
El Dotor Cristoval de Santa Cruz, Medico de
Camara para quedar en Alemania.
El Dotor Antonio Clavo, Medico de Familia.
El Licenciado Antonio de Olivier, Cirujano de
Camara, para quedarse.
Francisco Nuñez, Sangrador de Familia.

Botica, Boticario y Ayuda.
Vgiares de Saleta.
Manuel Vallejo.
Francisco Gonçalez

Paneteria y Confiteria.
Iuan Cabrera de Cordua, Sumiller.
Iuan Gonzalez de Cesa, ayuda y confitero.
Iuan de Olmo, moço de Oficio.
D. Cristobal de Oteo, Vgier de Vianda.
Pedro de Burgos, Panadero de boca, con un o-
ficial y un moço, que los nombra el cerca de
la Vispera de la jornada, mas no son estables.
Dos entretenidos, uno para la paneteria, y otro
para la Confeteria: y los demas entretenidos
los nombran los Iefes poco antes de la jorna-
da, pero no son estables.

Fruteria y Potegieria.
Mateo de Vergara, Frutier y Potejar.
Francisco de Laoysa, ayuda.
Lorenzo Rodriguez, moço de Oficio.
Un entretenido.

Cava.

Tomas de Leon, Sumiller que ha de proveer el
Vino.
Iuan Alonso de Grana.
Iuan Pruiz Cañete, de Oficio.
D. Diego de Cuellar, Fiambrero.
Diego Rodriguez, Provedor de la nieve.
Un entretenido.

Sarseria.

Saufería.

D. Filipe de Salamanca, Sausíer.
Diego Arias, ayuda.
Iuan Chimero, moço de Oficio.
Un entretenido.

Guarda Manjar.

Gaspar de Frutes,

Comprador.

D. Gabriel de Cubas, Comprador.
Antonio Alaya, moço de Oficio.
Iosef de Oleda, Moço de Oficio para escrivir los libros.
Un entretenido que corte, y otro de Cargas, el cajonero.

Cereria.

Iosep Maya, Cerero mayor.
Gaspar Gutierrez del Concha, ayuda.
Bartolomeo Perez Alonso, moço de Oficio.

Cozina.

Don Iuan de Cordua y Baldinir, Veedor de vivandas.
Francisco Vilosi, Cocinero de la Servilleta.
Iuan Pablos, ayuda.
Pedro Navarrete.
Iuan Grande.
Claudio Florio.
Pedro Garcia, ayuda y Pastelero.
Clemente Rauyz, Portador.
Iuan Nuñez.
Antonio Rodriguez Bravo, moço de oficio.
Gabriel Messia.
Manuel de la Calle.
Iuan Alonso.
Rodulfo de las Verdes.
Iuan Anderija Galopin.
Eugenio Saeuz.
Iuan Correa Galopin.
Blas de Soria, Portero y ayuador, con dos moços que nombra el.
Miguel de Leon, Lectiero.

Tapiceria.

Geronimo Rodriguez Iefe.
Francisco Saderio, ayuda.
Andreas Belde, moço de oficio.
Pedro de la Ruya.
Francisco Batrayco, moços de travajo.

Furiera.

Don Pedro Coronel, va por Apossentador y Guarda Damas.
Marco Martinez, ayuda.
Francisco Voto.
Pablo del Val, moço de oficio.
Oficial del Contador.
Oficial del Maestro de Camara.
Carpintero de la Furieria.
Alguacil de Corte.

Barrenderos.

Pedro del Cano, Barrendero de la Camara.
Pedro Alvarez.
Francisco Dominguez de Salera.
Manuel Lozano de Porteria.

Porteras di Camera.

Filipe del Mas.
Salvador Diego Rodriguez.

Porteros de Cadena.

Alonso Rodriguez.
Iacinto de Molina.

Possentadores de Camino.

Eugenio Ximenez de Salcedo.
D. Manuel de Arce
D. Gabriel de Santaus.

Escuderos de Apie.

Pablo del Peña.
Pedro de Castro.
Francisco Bernal,
Francisco Benavides.
Domingo Daniel de Minier, para quedarse.
Carlos Francisco Tambien.

Reposteros de Camas.

Iosef Muñas Barma, para quedarse.
D. Iuan de Rojas.

Porteros de Damas.

Miguel Turquin, Portero de Damas para quedarse.
Marcos Ruyz, ayuda para quedarse.
Luys Mudera.
Francisco Navarro, ayuda.

Estado de Damas.

Agustin de la Parra, Maestre de Sala.
Cristoval Carrasco, ayuda.
Miguel Navarro, moço de oficio.
Pedro Fernandez.
Un entretenido.

Mesa de las de la Camera y retrete.

Bartolome Luis de Veja, Maestre Sala.
Francisco Pasquera.
Un entretenido.

Estado de Boca.

Pedro del Moral Gutierrez, Mayordomo de Estado.
Dos moços de aparadores, y otros dos de la plata, que los nombre.

Otros Oficiales.

Gilarmesto Correo.
Iosef Giner.
Iuan Gutierrez, ayuda de Roderigo de Ayamonte, moço de oficio.
Diego de Acevedo, ayuda de Corthero, buelve,
Mateo de los Reyes.
Iuan de Salinas, moço de oficio.
Pedro Garcia, Conde herrador.
Antonio Fleytas, ayuda de Palafreneros.
Carlos Saltalamata, Trompeta.
Iuan Silvestra Birque.
Iuan Dias.
Pedro Merino, moço de Camara.
Antonio de la Peña.
Francisco Sevilla.
Iuan Bautista, Barbero de los Pajes.

Lacayos.

Andreas de Velasco.
Iuan Ruy de Arcaute.

Pedro

Pedro de Saboya.
Ignacio Hernandez.
Iuan Perez de los Quria.
Iuan Lopez de Mançaneque.
Bernabe Lopez.
Andres Gomes.
Iulio Cefar, Cajonero de los Lacayos.
Mozos de Sillas.
Eftevan de Vatas.
Alonfo de la Cortina.
Domingo Perez.
Iulian Rodriguez.
Domingo Bravo.
Benito Alverto.
Domingo Lopez Matos.
Iuan Marez.
Cocheros que paffan a las entregas.
Pedro Riceda.
Iuan Parra.
Iuan de Pornares.
Pedro Mateo.
Litereros.
Gonzalo Lopez.
Marcos Rodriguez.
Pedro del Peral.
Cocheros que fe buelven de Barcelona.
Iuan Alvarez.
Pedro Rodriguez.
Iuan Pendal.
Menfo Ernandez.
Alverto del Cafal.
Iuan de Mafedo.
Torivio Fernandez.
Iofef de Opico.
Iuan de Navelgas.
Francifco Manio.
Pedro Fernandez de Azevedo.
Mozos de Acas, Cavallos y Coches, que fe buelven todos de Barcelona.
Iuan de Alna.
Iuan Piquer.

Lopo Alvarez.
Pedro Fernandez.
Antonio de Anata.
Miguel Lopez el nuevo.
Pedro Trechon.
Antonio Gercia.
Francifco Goncalez.
Marcos de Abadia.
Iulian Martinez.
Un moço a Cas, y 22. de cachas.
Soldados de la Guarda Efpañola.
Antonio Sanz, Cabo de efcuadra.
Diego Dias.
Aguftin Ernandez.
Fabian Gimano,
Geronimo Fernandez Hurtado.
Francifco Calderon,
Francifco Sanchez Cebrera.
Iuan Muñez.
Lucas Zamudia.
Antonio Francifco de Zafra.
Vicente de Prada.
Soldados de la Guarda Alemana.
Iorge Aydeman, Cabo de Efcuadre.
Iorge Eftefan.
Nicolas Bet.
Gafpar Brunier.
Iuan Eftefan.
Martin Efrit,
Iuan Strol,
Mateo Reales.
Iuan Garcia Buenvicino.
Antonio Fernandez.
Eugenio del Vuz.
Crifpin de Aguftian.

En todos, 282. Perfonas. Ordenados, fin los Oficiales y Criados de los Cavalleros.

Zu famen 282. Perfohn fo veroobne feindt / ohne der Cavallier ihre eigene Officier vnd Bedinten.

DAMAS

Criadas de la
Señora EMPERATRIZ.

La Condeffa de Benavente, Camarera mayor.
Doña Leonora Fajardo, Doña de Honor, y
Guarda mayor de las Damas.
Otra Doña de Onor.
Damas.
Doña Maria Bazano.
Doña Maria de Toledo.
Doña Maria Criftina Monroy.
Doña Melchora Zapata.
Azafata, Guardas y Dueñas de retrete.
Doña Catalina de Gufto y Buftamante, azafata.
Doña Maria del Pulgar, Guardes Mayor y Labrandera.
Doña Ana de Frias, Guarda menor.

Doña Micaela de Canteras, Doña de retrete.
De la Camara.
Doña Ana Carrillo.
Doña Antonia de Tomazo.
Doña Antonia de Ategui.
Doña Ana Maria de Pisfoio.
Del Retrete.
Doña Ana de Tapina.
Doña Terefa de Duxan.
Clara Dias, Enfermera y Sacriftana.
Margarita Ordoñez, Cozinera.
Ifabel Romero, Barrendera de Camera,
Barbara Martinez, Barrandera de la Cafa.
Lavanderas.
Doña Iofefa Milan, Lavandera de Corps, para
quedarfe.
Doña Maria Ramirez, Lavandera de boca.
Doña Maria de la Rera, Lavandera de Eftados.

<table>
<tr><td>

Para esto se necessita del Carroaje Siguiente.

250. Mulas de Silla.

548. Azemilas.

26. Coches.

6. Galeras.

4. Carros,

</td><td>

Zu uberführungh dieser Heßstadt ist angeschaffet worden/ wie folget.

250. Mauhl Esel zum sattel.

548. Gemaine Esel.

25. Sandkutschen.

6. Galeern.

4. Wagens.

Madrid 29. de Mayo, 1666.

</td></tr>
</table>

Y aviendose de desembarcar en el Final, para passar à Milan: si no pudieren servir Coches y Galeras ni Carros, se han de aumentar 68. Azemilas en lugar de las Galeras y Carros. Y por los Coches, 86. Literas, para todas las Mugeres. De mas desto sera menester Caruaje para el Cardinal Colona, Duque de Alburquerque y Condessa de Benavente, segun las familias que llevaran.

Und weil Sie zu Final müssen aussteigen / von dannen weiters auff Meylande zu reisen: woselbsten man kaine Sandkutschen oder Galleern worde brauchen können: so soll man noch 68. Maul Esel zu den vorigen auffsuchuen / anstat der Galleern und Wagen vnd anstat der Sandkutschen/ soll man auffnehmen 86. Zustfen das Frawen Zimmer da mit zu bedienen. Zu diesem allen werden noch vill andere Fuhren erfordert/ so vor den Cardinal Colona / der Hertzog von Alburquerque als die Gräffin von Benavente/ nach deme Sie grosse Hoffhaltung mit nehmen.

En Vienna de Austria.

Por PEDRO BINNART, Jmpressor de Amberes.

M. DC. LXVI.